全国铁道交通运营管理专业高职高专规划教材配套用书
参照铁路职业技能鉴定标准编写

Tielu Keyun Zuzhi Xitiji
铁路客运组织习题集

张敬文　主　编
冶海英　金　珊　副主编
王　越　主　审

人民交通出版社股份有限公司
China Communications Press Co.,Ltd.

内 容 提 要

本书为全国铁道交通运营管理专业高职高专规划教材的配套用书,参照铁路职业技能鉴定标准编写。主要内容包括:发售车票,旅客运输,行李、包裹运输,特种运输,运输事故的处理,旅客运输计划及组织,客运站工作组织,旅客列车工作组织等。

本书可作为高职、中职院校铁道交通运营管理专业教材配套用书,也可作为铁路客运职工职业技能鉴定、业务学习的辅助学习资料。

＊为方便教学,本书配有教学课件,读者可在人民交通出版社股份有限公司网站免费下载。

图书在版编目(CIP)数据

铁路客运组织习题集/张敬文主编.—北京:人民交通出版社股份有限公司,2015.6
全国铁道交通运营管理专业高职高专规划教材配套用书
ISBN 978-7-114-12109-8

Ⅰ.①铁… Ⅱ.①张… Ⅲ.①铁路运输—客运组织—高等职业教育—习题集 Ⅳ.①U293.1-44

中国版本图书馆 CIP 数据核字(2015)第 042496 号

全国铁路交通运营管理专业高职高专规划教材配套用书
参照铁路职业技能鉴定标准编写

书　　名:	铁路客运组织习题集
著　作　者:	张敬文
责任编辑:	袁　方
出版发行:	人民交通出版社股份有限公司
地　　址:	(100011)北京市朝阳区安定门外外馆斜街 3 号
网　　址:	http://www.ccpress.com.cn
销售电话:	(010)59757973
总　经　销:	人民交通出版社股份有限公司发行部
经　　销:	各地新华书店
印　　刷:	北京武英文博科技有限公司
开　　本:	787 × 1092　1/16
印　　张:	10.25
字　　数:	260 千
版　　次:	2015 年 6 月　第 1 版
印　　次:	2021 年 5 月　第 4 次印刷
书　　号:	ISBN 978-7-114-12109-8
定　　价:	29.00 元

(有印刷、装订质量问题的图书由本公司负责调换)

前　言

  《铁路客运组织习题集》是根据铁道交通运营管理专业、城市轨道交通运营管理专业人才培养方案和高职教育的培养目标，以就业为导向，与《铁路客运组织》教材相配套，并参照铁路客运职工职业技能鉴定标准，加强学生对铁路客运规章的理解，培养其运用规章解决实际问题的能力而编写的。

  本书以现行铁路客运规章为依据编写相应实例，结合铁路运输实际，突出铁路运输行业特点，力求学以致用。

  本书由辽宁铁道职业技术学院张敬文担任主编，辽宁铁道职业技术学院冶海英、金珊担任副主编，辽宁铁道职业技术学院王越担任主审。具体编写分工如下：项目一、项目二、项目三、项目五、项目七由张敬文编写，项目六、项目八由冶海英编写，项目四由金珊编写。

  本书在编写过程中，得到了很多老师及铁路运输一线相关业务人员的大力帮助，在此表示衷心感谢！

  由于时间仓促，编者水平有限，有不妥之处恳请广大读者批评指正。

编者

2015 年 3 月

目 录

第一部分 习 题

项目一　发售车票……………………………………………………………… 1
项目二　旅客运输……………………………………………………………… 30
项目三　行李、包裹运输……………………………………………………… 56
项目四　特种运输……………………………………………………………… 80
项目五　运输事故的处理……………………………………………………… 84
项目六　旅客运输计划及组织………………………………………………… 97
项目七　客运站工作组织……………………………………………………… 103
项目八　旅客列车工作组织…………………………………………………… 105

第二部分　习题参考答案

项目一　发售车票……………………………………………………………… 108
项目二　旅客运输……………………………………………………………… 118
项目三　行李、包裹运输……………………………………………………… 128
项目四　特种运输……………………………………………………………… 133
项目五　运输事故的处理……………………………………………………… 137
项目六　旅客运输计划及组织………………………………………………… 151
项目七　客运站工作组织……………………………………………………… 153
项目八　旅客列车工作组织…………………………………………………… 155

第一部分 习　　题

项目一　发售车票

一、判断题(对的打"√",错的打"×")

1. 学生票当年没使用的次数可以留作次年使用。　　　　　　　　　　　(　　)
2. 身高1.2～1.5m的儿童单独使用卧铺时,应买儿童票及全价卧铺票。　(　　)
3. 一名身高1.0m的儿童单独使用卧铺时,应买儿童票及全价卧铺票。　(　　)
4. 一名身高1.0m的儿童单独使用卧铺时,只买全价卧铺票,有空调时还应购买半价空调票。　　　　　　　　　　　　　　　　　　　　　　　　　　　　(　　)
5. 站台票售出也可以退票。　　　　　　　　　　　　　　　　　　　(　　)
6. 学生票可以在全年任意时间段购买。　　　　　　　　　　　　　　(　　)
7. 卧铺票按指定的乘车日期和车次使用有效,其他附加票随同客票使用有效。(　　)
8. 在普通大、专院校(含国家教育主管部门批准有学历教育资格的民办大学),军事院校,中小学和中等专业学校,技工学校就读,没有工资收入的学生、研究生家庭居住地和学校不在同一城市时,凭附有加盖院校公章的减价优待证的学生证每年可享受家庭至院校(实习地点)之间4次单程半价硬座客票、加快票、空调票。　　　　　　　　　　　　(　　)
9. 成人带儿童可共用一张卧铺。　　　　　　　　　　　　　　　　　(　　)
10. 身高超过1.5m的儿童应买成人票。　　　　　　　　　　　　　　(　　)
11. 学生票的购票时间为每年12月1日～3月31日,6月1日～9月30日。(　　)
12. 持学生证要求使用硬卧时,应购买半价的客票、加快票、空调票及全价的硬卧票。
　　　　　　　　　　　　　　　　　　　　　　　　　　　　　　　(　　)
13. 学生购买联程票或乘车区间涉及动车组列车的,可分段购票,学生票分段发售时,由发售第一段车票的车站在学生优惠卡中划销次数,中转站凭上一段车票售票,不再划销乘车次数。　　　　　　　　　　　　　　　　　　　　　　　　　　　　(　　)
14. 承运人不接受儿童单独旅行(乘火车通学的学生和承运人同意在旅途中监护的除外)。　　　　　　　　　　　　　　　　　　　　　　　　　　　　(　　)
15. 免费乘车的儿童单独使用卧铺时,应购买全价卧铺票,有空调时还应购买半价空调票。
　　　　　　　　　　　　　　　　　　　　　　　　　　　　　　　(　　)
16. 享受学生票的学生因退学可购买一次学校所在地至家庭所在地的学生半价票。
　　　　　　　　　　　　　　　　　　　　　　　　　　　　　　　(　　)

17. 发生重大事故,站内秩序混乱,危及行车和人身安全时,站长可决定暂停发售站台票。（ ）
18. 因执行重要任务,由政府部门组织进站迎送人员,可不买站台票。（ ）
19. 因公致残的人民警察凭"中华人民共和国伤残人民警察证"享受半价的软座、硬座客票和附加票。（ ）
20. 随同成人进站身高不足1.2m的儿童及特殊情况经车站同意进站人员可不买站台票。（ ）
21. 中国人民解放军和中国人民警察部队因伤致残的军人凭"中华人民共和国残疾军人证"享受半价的软座、硬座客票和附加票。（ ）
22. 团体旅客票优惠时,团体旅客中有分别乘坐座、卧车或成人、儿童同一团体时按其中票价高的免收。（ ）
23. 现役伤残军人的"残疾军人证"由中国人民解放军总后勤部签发。（ ）
24. 对经常进站接送旅客的单位,车站可根据需要发售定期站台票。（ ）
25. 依照规定收取运输费用是承运人的基本权利之一。（ ）
26. 发售需要中转换车的加快票的中转站必须是有同等级快车始发的车站。（ ）
27. 要求承运人提供与车票等级相适应的服务并保证其旅行安全是旅客的基本权利之一。（ ）
28. 旅客运送期间自检票进站起至到站出站时止计算。（ ）
29. 持站台票上车送客未下车但及时声明时,只补收至前方停车站的票款及手续费。（ ）
30. 身高1.2m的成人,可以购买儿童票。（ ）
31. 对乘坐卧铺的旅客,卧铺列车员应及时收票换发卧铺票证。（ ）
32. 减价优待证记载的车站是没有快车或直通车停靠的车站,离该站最近的大站可以发售学生票。（ ）
33. 通学的学生无论身高多少都应买学生票。（ ）
34. 到站台上迎送旅客的人员应买站台票,站台票当日使用一次有效。未经车站同意无站台票进站时,加倍补收站台票款。（ ）
35. 铁路旅客运输合同是明确承运人与旅客之间权利义务关系的协议。（ ）
36. 旅客有爱护铁路设备、设施,维护公共秩序和运输安全的义务。（ ）
37. 儿童票的到站可以远于随行的成人车票的到站。（ ）
38. 在无人售票的乘降所上车的人员,可在列车内购票,不收手续费。（ ）
39. 列车因晚点,使旅客在规定的有效期内不能到达到站时,车站可视实际需要延长车票的有效期。（ ）
40. 车站对进出站的旅客和人员应验票,列车对乘车旅客应验票。（ ）
41. 旅客在乘车区间内凭有效客票每张可托运一次行李,残疾人车不限次数。（ ）
42. 包裹是指适合在旅客列车行李车内运输的小件急运货物。（ ）
43. 旅客要求退票时,在发站开车前,特殊情况也可以在开车后2h内,退还全部票价,核收退票费。（ ）
44. 团体旅客填发代用票时,除代用票持票本外,每人另发一张团体旅客证。（ ）
45. 铁路车站有关营业处所应有相应的票价表、运价表、杂费表、时刻表和旅客须知等内

容。遇有变动,须于实施前通告,未经通告,不得实施。   （   )
  46. 铁路车站、列车及与运营有关人员在执行职务中的行为代表承运人。   (   )
  47. 承运人有义务对运送期间发生的旅客身体损害予以赔偿。   (   )
  48. 因承运人责任致使旅客退票时,在到站退还已收票价与已使用部分票价的差额。未使用部分不足起码里程按起码里程计算。   (   )
  49. 旅客运输的主要服务对象是旅客,其次是行李、包裹、邮件。   (   )
  50. 基本票价是以每人每公里的票价率为基础,按照规定的旅客票价里程区段,采取递远递减的办法确定的。   (   )
  51. 旅客票价的构成要素有:基本票价率与票价比例关系、旅客票价里程区段、递远递减率。   (   )
  52. 旅客运输生产向社会提供的是无形产品,其核心产品是旅客的空间位移。 (   )
  53. 截至目前,我国铁路客运市场占有率始终排在各种交通运输方式之首。 (   )
  54. 发生线路中断,旅客要求退票时,在发站退还全部票价,不收退票费。   (   )
  55. 旅客票价从 201km 起实行递远递减。   (   )
  56. 计算票价时,初始里程不足起码里程按起码里程计算。   (   )
  57. 旅客票价是按里程区段划分,区段间距随里程的增大而逐渐加大,各区段的票价按区段的中间里程计算。   (   )
  58. 计算票价所应用的里程,称为运价里程,它是计算客运运价的依据。   (   )
  59. 票价里程等于票价里程区段中的最后一个区段的中间里程。   (   )
  60. 卧铺票的起码里程为 400km。   (   )
  61. 快速加快票按普快票价的两倍计算。   (   )
  62. 开放式硬卧上铺票价是硬座票价率的 110%。   (   )
  63. 接算站是为了将发、到站间跨及两条以上不同的线路衔接起来,进行里程加总计算票价和运价所规定的接算衔接点。   (   )
  64. 春运期间团体票不予优惠。   (   )
  65. 发售代用票按规定填写,代用客票时,事由栏填写"客"。   (   )
  66. 代用票是根据需要临时填发的票据。   (   )
  67. 旅客开始旅行后不能退票。但如因伤、病不能继续旅行时,经站、车证实,可退还已收票价与已乘区间票价差额。已乘区间不足起码里程时,按起码里程计算。同行人同样办理,并核收退票费。   (   )
  68. 发售代用票应按规定填写,代用客快速卧联合票时,事由栏填写"客快速卧" (   )
  69. 发售学生票时应以近径路或换乘次数少的列车发售。   (   )
  70. 电视大学学生也可以购买学生票。   (   )
  71. 残疾人旅行代步的折叠轮椅可以免费携带(不带汽油),不计在免费重量之内。
                                                    (   )
  72. 持单位证明购买季度站台票,从购买日期起算,面值为 100 元。   (   )
  73. 包车票价计算时,座车按座车种别、定员核收全价客票票价。   (   )
  74. 发售代用票应按规定填写,代用客快卧联合票时,事由栏填写"客快卧"。 (   )
  75. 用计算机售票的车站,办理团体旅客票并实行一定优惠政策时,优惠票的票面打印"团优"字样。其余票的票面打印"团"字样。   (   )

76. 部分接算站是接轨站附近的城市所在站。（　　）
77. 行李包裹计费重量以1kg为单位,不足1kg进为1kg,起码重量为5kg。（　　）
78. 行李运输属于旅客运输部分,所以行李的递远递减率与旅客票价递远递减率相同。（　　）
79. 行李运价里程,按实际运送径路计算。但旅客持远径路的客票,要求行李由近径路运送时,如近径路有直达列车,也可以按近径路计算。（　　）
80. 包裹运价里程,按最短径路计算,有指定径路时,按指定径路计算。（　　）
81. 行李包裹的起码计费重量为5kg,超过5kg时,不足1kg的进为1kg。
82. 按包裹运输的小家畜每头按50kg计价。（　　）
83. 旅客托运的行李在50kg以内时,按行李运价计算,超过50kg时(行李中有残疾人用车时为75kg),对超过部分按行李运价加倍计算。（　　）
84. 超过车票终到站以远的行李应分别按行李、包裹计费径路计算。（　　）
85. 包车时卧车票价按卧车种别、定员核收客票及卧铺票的全价票价。（　　）
86. 包车使用空调设备时,应按核收客票票价的人数核收空调费。娱乐车、餐车的空调费按使用费的25%计算。（　　）
87. 在包车中,如承运人违约,应双倍返还定金。（　　）
88. 包车时行李车运价按车辆标记载重核收行李或包裹运费。（　　）
89. 包车停留费按每日每辆核收,并根据产生的自然日计算,停留当日不足12h减半核收。（　　）
90. 包车停留费是指包车或加开的专用列车,根据包车人提出的要求,在发站、中途站、折返站停留时(因换挂接续列车除外),所应付的费用。（　　）
91. 包车停留费:公务车、豪华列车的车辆每日每辆3000元。（　　）
92. 包车停留费:软座车、软卧车每日每辆1800元。（　　）
93. 儿童票座别应与成人车票座别相同。（　　）
94. 一名成人携带身高不足1.1m的儿童3名、身高1.3m的儿童两名,那么他总计应该购买成人票一张、儿童票5张。（　　）
95. 包车停留费:软硬卧车、硬卧车每日每辆1800元。（　　）
96. 包用专用列车、豪华列车时,当编成辆数不足12辆时,应按实际运行日数,每欠编一辆每日核收欠编费850元,当日不足12h减半核收。（　　）
97. 包车停留费:硬座车每日每辆1400元。（　　）
98. 包车人在未交付运费前取消用车计划时,定金不退。（　　）
99. 车票可以在互联网上购买。（　　）
100. 发售边境地区的客票时,应要求旅客出示国务院铁路主管部门、公安部门规定的边境居民证、身份证或《中华人民共和国过境管理区通行证》等有效证件。（　　）
101. 包车人在始发站延期使用时,开车前6h之前提出,按规定核收包车停留费。（　　）
102. 包车人在始发站延期使用时,开车前不足6h提出,核收票价、使用费、运费50%的延期使用费,并重新办理包车手续。（　　）
103. 租用车利用承运人动力在国家铁路旅客列车或货物列车中运行时核收挂运费,空车不分车种,按每轴每公里0.534元核收。（　　）
104. 加开专用列车、豪华列车时,隔离车或宿营车不另计费。如用隔离车装运行李、包裹

时,应核收包车运费。( )
105. 送到集中送票点的送票费为每人次5元。( )
106. 某旅客在列车上补一张卧铺票应核收5元手续费。( )
107. 包车时用棚车代用行李车,按行李或包裹的实际重量核收行李或包裹运费,起码计费重量按标记载重的1/3计算。( )
108. 填发包车代用票时,应在记事栏注明包车的车种、车号和定员数。( )
109. 填发团体旅客代用票时,应在记事栏注明团体旅客证的起止号码。( )
110. 租用的空客车,利用承运人动力在国家铁路的旅客列车中挂运时,随车押运人员应购买所挂列车等级的硬座票。( )
111. 铁路互联网售票时,剩余小于20张的票额显示数字。( )
112. 租用的空客车,利用承运人动力在国家铁路的货物列车中挂运时,随车押运人员按货运押运人收费标准核收押运费。( )
113. 包用的客车、公务车加挂在普通快车、快速列车上,应根据核收客票票价人数核收相应的加快票价。( )
114. 加开的专用列车、豪华列车按普通快车、快速列车速度运行时,应根据核收客票票价人数核收相应的加快票价。( )
115. 租用车利用承运人动力在国家铁路的旅客列车或货物列车中挂运时,重客车按标记定员票价的70%核收挂运费。( )
116. 包车停留费:娱乐车、餐车每日每辆5000元,餐车合造车每日每辆2500元,同时发生使用费时只收一项整日使用费。( )
117. 租用车利用承运人动力在国家铁路的旅客列车或货物列车中挂运时,重餐车按租车费的60%核收挂运费。( )
118. 租用车利用承运人动力在国家铁路的旅客列车或货物列车中挂运时,重娱乐车按租车费的80%核收挂运费。( )
119. 包车停留费:行李车每日每辆1400元。( )
120. 租用车利用承运人动力在国家铁路的旅客列车或货物列车中挂运时,重发电车按租车费的90%核收挂运费。( )
121. 包车时棚车不收空驶费。( )
122. 电话订票拨打95105105。( )
123. 租用车利用承运人动力在国家铁路的旅客列车或货物列车中挂运时,重行李车按标记载重及所装行李或包裹品类运费的80%核收。( )
124. 包车时对车辆空驶区段,不分车种,每车每公里核收空驶费3.458元。( )
125. 成人与儿童、学生、伤残军人混乘一辆包车时,按票价低的核收座车客票票价。( )
126. 企业自备动力牵引租用客车或企业自备车,利用国家铁路线路运行时,无论空车或重车,均按每轴(含机车轴数)每公里0.468元核收行驶费。( )
127. 有计算机售票设备的车站,除系统设备故障等特殊情况外,不得发售手工票。( )
128. 持学生证要求使用软席,应全部购买全价票,不再享受减价优待。( )
129. 行李包裹变更手续费:装车前5元/票次。( )

130. 行李包裹变更手续费:装车后 10 元/票次。（   ）
131. 包车人在始发站停止使用包车,开车后要求停止使用时除退还已收空驶费与已产生的空驶区段往返空驶费差额外,只退还尚未产生的包车停留费。（   ）
132. 毕业生凭学校书面证明可买一次学生票。（   ）
133. 客票票价包括软座、硬座客票票价。（   ）
134. 附加票票价包括加快、空调、卧铺票票价。（   ）
135. 旅客购买卧铺票时必须有软座或硬座客票,乘快车时还应有加快票,乘空调车时应有空调票。（   ）
136. 一名身高 1.0m 独自通学的学生可以免费乘车。（   ）
137. 旅客在全部旅途中,分别乘坐空调车和普通车时,可发售全程普通硬座车票,对乘坐空调车区段另行核收空调车与普通车的票价差。（   ）
138. 旅客乘坐提供空调设备的列车时应买相应等级的车票或空调票,如乘坐的是不成组的普通空调车厢,票价不上浮。（   ）
139. 购买学生票应按凭证记载的区间购票,如超过减价优待证上记载的区间乘车时,对超过区间按一般旅客办理,核收全价,分段计费,人数栏以开始为准。（   ）
140. "伤残人民警察证"由各省、自治区、直辖市民政部门签发。（   ）
141. 退役伤残军人的"残疾军人证"由各省、自治区、直辖市民政部门签发。（   ）
142. 某旅行社要购买 43 人的团体旅客票,售票时可以免收 4 人。（   ）
143. 发售代用票时,在代用卧铺票事由栏填写"卧铺"。（   ）
144. 发售代用票时,在代用卧铺票事由栏填写"卧"。（   ）
145. 发售代用票时,在代用客特快卧联合票事由栏填写"客特快卧"。（   ）
146. 发售代用票时,在代用空调票事由栏填写"空调"。（   ）
147. 发售代用票时,在代用团体票事由栏填写"团体"。（   ）
148. 发售代用票时,在代用普通加快票事由栏填写"普快"。（   ）
149. 发售代用票时,在代用快速加快票事由栏填写"快速"。（   ）
150. 发售代用票时,在代用特别加快票事由栏填写"特快"。（   ）
151. 发售代用票时,在代用客快联合票事由栏填写"客快"。（   ）
152. 发售代用票时,在代用客快速联合票事由栏填写"客快速"。（   ）
153. 发售代用票时,在代用客特快联合票事由栏填写"客特快"。（   ）
154. 发售代用票时,在办理包车票事由栏填写"包车"。（   ）
155. 铁路互联网售票网址为 http://www.12306.cn/。（   ）
156. 代用票代用客票时,原票栏不用填写。（   ）
157. 代用票代用加快票时,原票栏不用填写。（   ）
158. 代用票代用卧铺票时,原票栏不用填写。（   ）
159. 代用票代用空调票时,原票栏不用填写。（   ）
160. 发售代用票,代用学生减价票时,应注明学字样及证件号码。（   ）
161. 发售代用票,代用伤残军人减价票时,应注明残字样及证件号码。（   ）
162. 办理变更径路时,代用票事由栏填写"变更"。（   ）
163. 办理变更座别时,代用票事由栏填写"变座"。（   ）
164. 办理变更铺别时,代用票事由栏填写"变铺"。（   ）

165. 办理软座变硬卧时,代用票事由栏填写"变卧"。（　　）
166. 办理软座变硬卧时,代用票事由栏填写"变铺"。（　　）
167. 办理越站乘车时,代用票事由栏填写"越站"。（　　）
168. 办理分乘时,代用票事由栏填写"分乘"。（　　）
169. 办理误售时,代用票事由栏填写"误售"。（　　）
170. 办理误购时,代用票事由栏填写"误购"。（　　）
171. 月度站台票的式样和价格由铁路局自定,价格应不少于每月一次的价格。（　　）
172. 旅客须按票面载明的日期、车次、席别乘车。（　　）
173. 旅客须在票面规定的有效期间内抵达到站。（　　）
174. 办理误撕车票时,代用票事由栏填写"误撕"。（　　）
175. 办理退加快票时,代用票事由栏填写"退快"。（　　）
176. 办理退卧铺票时,代用票事由栏填写"退卧"。（　　）
177. 办理改乘高等级列车补收票价差额时,代用票事由栏填写"补差"。（　　）
178. 对于无客票,代用票事由栏填写"无票"。（　　）
179. 对于无普通加快票,代用票事由栏填写"无票快"。（　　）
180. 对于无快速加快票,代用票事由栏填写"无快速"。（　　）
181. 对于无特快加快票,代用票事由栏填写"无特快"。（　　）
182. 对于乘车日期不符,代用票事由栏填写"不符"。（　　）
183. 对于乘车车次不符,代用票事由栏填写"不符"。（　　）
184. 对于乘车径路不符,代用票事由栏填写"不符"。（　　）
185. 对于越席乘车,代用票事由栏填写"越席"。（　　）
186. 对于不符合减价规定,代用票事由栏填写"减价不符"。（　　）
187. 对于有效期终了,代用票事由栏填写"过期"。（　　）
188. 对于丢失车票,代用票事由栏填写"丢失"。（　　）
189. 对于儿童超高,代用票事由栏填写"超高"。（　　）
190. 对于持站台票送人来不及下车,代用票事由栏填写"送人"。（　　）
191. 严禁发售涂改的代用票。（　　）
192. 团体旅客办理退票必须在开车前8h办理。（　　）
193. 学生票不给报销凭证。（　　）
194. 学生票丢失时,可凭学生优待证及优惠卡或学校证明,在发站重新购买学生减价票。（　　）
195. 铁路对自行车的规定计价重量为30kg。（　　）
196. 学生票可以发售动车组一等座。（　　）
197. 旅客票价率由国务院铁路主管部门制定,报请国务院批准。（　　）
198. 加快票起码里程为100km。（　　）
199. 空调票起码里程为20km。（　　）
200. 包裹的起码里程为50km。（　　）
201. 行李、包裹运费按每张票据计算,起码运费为1元。（　　）
202. 包车变更费用的计算:包车人在始发站停止使用时,除退还已收空驶费与已产生的空驶区段往返空驶费差额外,其他费用按如下方法计算:开车前不足6h退还全部费用,核收票

价、使用费、运费 50% 的停止使用费。 （ ）
203. 行李的起码里程是 20km。 （ ）
204. 根据铁路货物运输合同,押运货物的人算作旅客。 （ ）
205. 按行包托运助力自行车按 50kg 计费。 （ ）
206. 因承运人责任致使旅客在中途站中止旅行,退还已收票价与已乘区间的票价差额,已乘区间不足起码里程时退还全部票价。 （ ）
207. 承运人在发售车票时,不可以使用到站不同但票价相同的客票代替旅客到站的客票。 （ ）
208. 互联网售票不办理距离开车时间不足 2h 的车票改签。 （ ）
209. 学校所在地有母亲一方时,不可以发售探望父亲的学生票。 （ ）
210. 动车组列车只发售二等座车学生票,学生票为全价票的 75%。 （ ）

二、选择题

1. (　　)不是附加票。
   A. 空调票　　　B. 加快票　　　C. 硬座票　　　D. 卧铺票
2. 车票票面(特殊票种除外)主要应当载明(　　)。
   A. 发站和到站名、座别(卧别)、经由、票价、乘车时间、车次
   B. 车次、票价、乘车日期、有效期、发站和到站名
   C. 发站和到站名、车次、票价、径路
   D. 发站和到站名、座别(卧别)、车次、票价、径路、乘车日期、有效期
3. 旅客在乘车区间中,要求一段乘坐硬座车、一段乘坐软座车时,全程发售(　　),乘坐软座时另收软座区间的软硬座票价差额。
   A. 软座客票　　B. 软席客票　　C. 硬座客票　　D. 软、硬座客票
4. 旅客购买卧铺票必须有(　　),乘坐快车时还应有加快票。
   A. 硬座客票　　B. 软座客票　　C. 乘车票据　　D. 软座或硬座客票
5. 旅客在全部旅途中分别乘坐空调车和普通车时,可发售全程普通硬座车票,对乘坐空调车区段另行核收(　　)。
   A. 空调车票价
   B. 空调票与普通车的票价差额
   C. 空调票与硬座客票的差额
   D. 空调车与普通车的票价差额
6. 随同成人旅行的身高 1.2~1.5m 的儿童,享受(　　)。
   A. 半价的客票、加快票和附加票
   B. 半价客票、加快票和空调票
   C. 半价客票和加快票
   D. 半价的客票和加快票
7. 两名成人旅客可免费携带(　　)名身高不足 1.2m 的儿童。
   A. 1　　　　　B. 2　　　　　C. 3　　　　　D. 4
8. 免费乘车的儿童单独使用空调车卧铺时,应购买(　　)。
   A. 全价卧铺票和全价空调票
   B. 半价卧铺票和空调票
   C. 全价卧铺票和半价空调票
   D. 半价卧铺票和全价空调票
9. 儿童票的座别应与成人相同,其到站(　　)。
   A. 可以超过成人车票的到站
   B. 不得远于成人车票的到站
   C. 也可超出成人车票到站
   D. 与成人到站方向不一致

10. 包房式硬卧票价分别按硬卧中、下铺票价另加（　　）。
    A. 20%　　　　B. 30%　　　　C. 40%　　　　D. 50%
11. 列车上补卧铺票时，手续费按每人每次（　　）元收取。
    A. 5　　　　　B. 20　　　　　C. 10　　　　　D. 1
12. 票面100元的客票，在开车前50h到车站退票，应收退票费（　　）元。
    A. 5　　　　　B. 20　　　　　C. 10　　　　　D. 2
13. 旅客要求退票时，在发站开车前，特殊情况也可在开车后（　　）h内，退还全部票价，核收退票费，团体旅客除外。
    A. 1　　　　　B. 2　　　　　C. 3　　　　　D. 4
14. 因线路中断致使旅客中途退票，旅客需报销退票费时，应开具（　　）。
    A. 退票费报销凭证　　　　　B. 退票情况证明
    C. 客运记录　　　　　　　　D. 退票费报销证明
15. 退还带有"行"字戳迹的车票时，应先办理（　　）。
    A. 行李变更手续　　　　　　B. 行包变更手续
    C. 退票手续　　　　　　　　D. "客杂"变更手续
16. 空调列车因空调设备故障在运行过程中不能修复时，应退还（　　）。
    A. 已使用区间的空调票价
    B. 未使用区间的空调票价，未使用区间不足起码里程时按起码里程计算
    C. 退还全部空调票价
    D. 已收票价与已使用部分票价的差额
17. 残疾人旅行时，代步的折叠式轮椅（　　）上车。
    A. 可免费携带　　B. 按25kg补票　　C. 按20kg补票　　D. 按15kg补票
18. 旅客票价里程按旅客乘车的实际（　　）计算。
    A. 里程　　　　B. 发到站里程　　C. 径路　　　　D. 线路
19. 棚车代用客车时，客票票价按硬座客票的（　　）计算。
    A. 40%　　　　B. 半价　　　　C. 30%　　　　D. 60%
20. 行李运价率为硬座客票票价率的（　　）。
    A. 1%　　　　　B. 2%　　　　　C. 3%　　　　　D. 0.5%
21. 包裹运价率是以（　　）类包裹运价率为基础，其他各类包裹按该类包裹的运价率加成或减成的比例确定。
    A. 一　　　　　B. 二　　　　　C. 三　　　　　D. 四
22. 因铁路责任造成旅客退还票价时，在发站（　　）。
    A. 退还全部票价，不收退票费　　B. 退还全部票价，收取退票费
    C. 收取起码里程的票价　　　　　D. 不予退票
23. 因承运人责任，致使旅客在中途站退票时，退还（　　），已乘区间不足起码里程时，退还全部票价。
    A. 已收票价与未使用部分票价差　　B. 已收票价与已乘区间票价差额
    C. 已收区间里程与已乘区间票价差　　D. 已乘与未乘里程票价差
24. 因承运人责任，致使旅客在到站退票，退还（　　），未使用部分不足起码里程按起码里程计算。

A. 全部票价 B. 已收票价与未乘区间票价差额
C. 已收票价与未乘区间票价差额 D. 已收票价与已使用部分票价差额

25. 发生线路中断,旅客返回中途站要求退票时,退还( ),不收退票费。
A. 全部票价 B. 已收票价与已乘区间票价差额
C. 已收票价与未乘区间票价差额 D. 已收票价与未使用部分票价差额

26. 旅客凭客票托运的行李在( )kg 以内,按行李运价计算,对超过部分按行李运价加倍计算。
A. 100 B. 80 C. 60 D. 50

27. 一伤残旅客按行李托运 1 辆残疾人用车,重 45kg,其计费重量是( )kg。
A. 45 B. 20 C. 25 D. 40

28. 行李、包裹运输合同的( )是行李、包裹票。
A. 合同凭证 B. 基本凭证 C. 运输凭证 D. 协议凭证

29. 发站给中途站预留的包房,可利用其发售最远至预留站的软座车票,但涉及夜间乘车时,不得超过( )h。
A. 2 B. 2.5 C. 3 D. 3.5

30. 对持半价票和( )乘车证的旅客须核对相应的证件。
A. 各种 B. 铁路 C. 特种 D. 全国铁路免费

31. 发售动车组列车车票时,最远可发售至( )。
A. 旅行目的站 B. 本次列车终到站
C. 任意一个动车停靠站 D. 全路各站

32. 《铁路客运运价里程表》中,旅客乘降所的符号是( )。
A. # B. ※ C. ◎ D. △

33. 《铁路客运运价里程表》接算站示意图中,接算站用( )圆圈表示。
A. 黑色 B. 红色 C. 绿色 D. 黄色

34. 包车人与承运人签订完包车合同后,承运人违约时,应( )。
A. 返还定金 B. 3 倍返还定金
C. 双倍返还定金 D. 1.5 倍返还定金

35. 计算旅客客票票价的起码里程为( )km。
A. 10 B. 20 C. 50 D. 100

36. 计算旅客空调票价的起码里程为( )km。
A. 20 B. 50 C. 100 D. 200

37. 计算旅客加快票价的起码里程为( )km。
A. 20 B. 100 C. 200 D. 400

38. 计算旅客卧铺票价的起码里程为( )km。
A. 100 B. 200 C. 400 D. 500

39. 计算旅客行李票价的起码里程为( )km。
A. 10 B. 20 C. 100 D. 200

40. 计算旅客包裹票价的起码里程为( )km。
A. 50 B. 100 C. 200 D. 400

41. 发生重大事故,站内秩序混乱,危及行车和人身安全时,( )可决定暂停发售站台票。

　　A.车站值班员　　B.列车长　　　　C.站长　　　　　D.客运主任

42.站台票收费标准为每张( )元。

　　A.0.5　　　　　B.1　　　　　　 C.1.5　　　　　 D.2

43.旅客可凭客票办理( )次行李托运。

　　A.一　　　　　 B.二　　　　　　C.三　　　　　　D.四

44.在列车上,旅客因病不能继续旅行时,列车长应编制客运记录交中途具有医疗条件的停车站,同行人( )。

　　A.不能办理　　　B.同样办理　　　C.另行办理　　　D.另行安排

45.( )人以上乘车日期、车次、到站、座别相同的旅客可作为团体旅客。

　　A.10　　　　　　B.15　　　　　　C.20　　　　　　D.18

46.在无人售票的乘降所上车的人员,可在列车内购票,( )手续费。

　　A.不收　　　　　B.核收　　　　　C.加倍核收　　　D.核收50%

47.团体旅客购票填发代用票时,除代用票持票本人外,( )另发一张团体旅客证。

　　A.每人　　　　　B.每2人　　　　C.每10人　　　　D.每20人

48.( )站不在京哈线上。

　　A.秦皇岛、陶赖昭　　　　　　　 B.四平、沟帮子
　　C.铁岭、塘沽　　　　　　　　　 D.新立屯、大安北

49.《铁路客运运价里程表》中,湘桂线的起止站是( )。

　　A.株洲—凭祥　　　　　　　　　 B.株洲—南宁
　　C.衡阳—桂林　　　　　　　　　 D.衡阳—凭祥

50.《铁路客运运价里程表》中,京九线的起止站是( )。

　　A.北京—深圳　　　　　　　　　 B.北京西—深圳
　　C.北京—九龙　　　　　　　　　 D.北京西—九龙

51.根据铁路货物运输合同,押运货物的人视为( )。

　　A.托运人　　　　B.收货人　　　　C.货主　　　　　D.旅客

52.凭有效领取凭证领收行包的人是( )。

　　A.承运人　　　　B.托运人　　　　C.收货人　　　　D.发货人

53.与旅客或托运人签有运输合同的铁路运输企业称为( )。

　　A.承运人　　　　B.托运人　　　　C.收货人　　　　D.发货人

54.学生凭附有加盖院校公章的减价优待证的学生证,每年可享受( )次学生票待遇。

　　A.一　　　　　　B.二　　　　　　C.三　　　　　　D.四

55.旅客运输的运送期间自( )起至到站出站时止计算。

　　A.售出车票　　　　　　　　　　 B.上车
　　C.进入候车室候车　　　　　　　 D.检票进站

56.站台票当日使用( )次有效。

　　A.1　　　　　　 B.2　　　　　　 C.3　　　　　　 D.4

57.儿童票是指半价的( )。

　　A.客票　　　　　　　　　　　　 B.客票、加快票、空调票、卧铺票
　　C.加快票　　　　　　　　　　　 D.客票、加快票、空调票

58. 随同成人进站身高不足( )m的儿童及特殊情况经车站同意进站人员可不买站台票。
   A.1.1   B.1.2   C.1.3   D.1.5

59. 未经车站同意无站台票进站时,( )。
   A. 补收站台票   B. 加倍补收站台票
   C.3 倍补收站台票   D. 可不补收站台票

60. 包用行李车,按( )核收行李或包裹运费。
   A. 车辆标记载重   B. 行李、包裹实际重量
   C. 车辆标记载重的80%   D. 行李、包裹实际重量的80%

61. 包用棚车代用行李车时,按( )核收行李或包裹运费。
   A. 行李、包裹实际重量的80%   B. 车辆标记载重
   C. 车辆标记载重的80%   D. 行李、包裹实际重量

62. 包用棚车代用行李车时,起码计费重量按标记载重的1/3 计算,不足 1t 的尾数( )。
   A. 按四舍五入计算   B. 舍去不计
   C. 进整为1t   D. 视具体情况而定

63. 包车的行李、包裹混装时,按( )核收运费。
   A. 行李运价核收   B. 三类包裹运价的80%
   C. 二类包裹运价   D. 其中运价高的

64. 厂矿、企业等单位租用客车在单位使用时,按( )标准,按日核收租车费。
   A. 包车停留费   B. 包车使用费
   C. 包车行驶费   D. 包车挂运费

65. 在办理直通过轨运输时,各段由于分段计算,有不足起码里程区段时,按( )。
   A. 起码里程计算
   B. 起码里程计算,但卧铺票价按规定的比例计算
   C. 规定里程计算
   D. 起码里程计算,但行李、包裹例外

66. ( )的学生能发售学生票。
   A. 经国家教育主管部门批准有学历教育资格的民办大学
   B. 职工大学
   C. 电视大学
   D. 函授学校

67. 《铁路客运运价里程表》中,站名用黑体字印刷,并下部有黑色横线,表示该站为( )。
   A. 中转站   B. 接算站   C. 直通站   D. 营业站

68. 全国铁路客运管辖线路示意图中,不同颜色的实心圆圈表示为( )。
   A. 特等站   B. 铁路局分界站
   C. 省会所在地   D. 铁路局所在地

69. ( )站均在京沪线上。
   A. 德州、蚌埠、阜阳   B. 兖州、符离集、磁窑

C. 南京、泰山、夹河寨　　　　　　D. 苏州、林场、六合

70.《铁路客运运价里程表》中,不办理行李、包裹业务的车站用( )表示。
A. ※　　　　B. ⊗　　　　C. ◎　　　　D. 站名下1mm宽横线

71. 铁路车票的客票部分为( )。
A. 软座、硬座　　　　　　　　B. 软座、硬座、市郊
C. 软座、硬座、棚车　　　　　　D. 软座、硬座、市郊、棚车

72. 过轨运输是指( )。
A. 国家铁路与境外铁路间的相互运输
B. 国家铁路与地方铁路相互间的运输
C. 国家铁路与合资铁路间的相互运输
D. 国家铁路与地方铁路、合资铁路及特殊运价区段间的相互运输

73. 铁路旅客运输合同从( )时起成立,至按票面规定运输结束旅客出站时止,为合同旅行完毕。
A. 售出车票　　B. 进入候车室　　C. 检票进站　　D. 进入车厢

74. 优惠时,团体旅客中有分别乘坐座、卧车或成人、儿童同一团体时按( )免收。
A. 其中票价低的　　　　　　　B. 其中票价高的
C. 儿童的票价　　　　　　　　D. 成人的票价

75. 附加票是( )的补充部分,除免费儿童外,不能单独使用。
A. 卧铺票　　　B. 空调票　　　C. 加快票　　　D. 客票

76. 企业自备机车、车辆,利用国家铁路线路运行时,不论空车或重车,均按每轴(含机车轴数)每公里( )元核收行驶费。
A. 0.534　　　B. 0.543　　　C. 0.468　　　D. 0.486

77. 托运人的义务:( )。
A. 行李、包裹从承运后至交付前,发生损坏、变质、污染时,负赔偿责任
B. 因托运人、收货人的责任给他人或承运人造成损失时向责任人要求赔偿
C. 因自身过错给承运人或其他托运人、收货人造成损失时应负赔偿责任
D. 行李、包裹损坏、变质、污染时要求赔偿

78. 承运人的义务:( )。
A. 行李、包裹从承运后至交付前,发生灭失、损坏、变质、污染时,负赔偿责任
B. 因托运人、收货人的责任给他人或承运人造成损失时向责任人要求赔偿
C. 因自身过错给承运人或其他托运人、收货人造成损失时应负赔偿责任
D. 行李、包裹损坏、变质、污染时要求赔偿

79. 持学生票要求报销时,应( ),核收手续费。
A. 补收全价票价与学生减价票价差额
B. 另行补收上车站至下车站票价
C. 补收全价票价与学生减价票价差额并加收应补票价50%的票款
D. 加倍补收全价票价与学生减价票价差额

80. 一旅客凭一张车票托运行李2件重37kg,残疾人车1辆,一批保价600元,每千克运价0.724元,核收运费( )元。
A. 39.1　　　B. 44.9　　　C. 42.1　　　D. 40.6

81. 承运人一般不接受( )单独旅行。
    A. 残疾人　　　　B. 小学生　　　　C. 儿童　　　　D. 孕妇
82. 旅客托运的行李在( )kg 以内,按行李运价计算。
    A. 25　　　　　B. 50　　　　　C. 75　　　　　D. 100
83. 旅客托运的行李中有残疾人用车,在( )kg 以内按行李运价计算,对超过部分按行李运价加倍计算。
    A. 50　　　　　B. 75　　　　　C. 100　　　　D. 125
84. 两轮轻型摩托车(汽缸容量 50cm³ 以下时)的规定计价重量为每辆( )kg。
    A. 50　　　　　B. 60　　　　　C. 70　　　　　D. 80
85. 警犬、猎犬每只规定的计价重量为( )kg,超过时按实际重量计算。
    A. 30　　　　　B. 15　　　　　C. 20　　　　　D. 25
86. 助力自行车规定每辆计价重量为( )kg。
    A. 30　　　　　B. 35　　　　　C. 40　　　　　D. 45
87. 残疾人用车按行李托运时,每辆计价重量为( )。
    A. 25kg　　　　B. 40kg　　　　C. 实际重量　　D. 30kg
88. 残疾人用车按包裹托运时,每辆计价重量为( )。
    A. 25kg　　　　B. 50kg　　　　C. 实际重量　　D. 40kg
89. 安全标志费为每个( )元。
    A. 0.10　　　　B. 0.20　　　　C. 0.25　　　　D. 0.50
90. 货签费为每个( )元。
    A. 0.20　　　　B. 0.25　　　　C. 0.30　　　　D. 0.50
91. 行李、包裹变更手续费装运前为( )元/票次。
    A. 3　　　　　B. 5　　　　　C. 8　　　　　D. 10
92. 行李、包裹变更手续费装运后为( )元/票次。
    A. 5　　　　　B. 10　　　　　C. 15　　　　　D. 20
93. 包用棚车代用行李车产生空驶时,空驶费( )。
    A. 按 50% 核收　　　　　　　B. 按 80% 核收
    C. 不收　　　　　　　　　　D. 按 30% 核收
94. 包用行李车的单位,在始发站开车前 6h 至不足 48h 停止使用,应退还全部费用,核收运费( )的停止使用费。
    A. 10%　　　　B. 20%　　　　C. 30%　　　　D. 40%
95. 退役伤残军人的"残疾军人证"由( )签发。
    A. 中华人民共和国民政部　　　　B. 各省、自治区、直辖市民政部门
    C. 各省、市自治区民政部门　　　D. 各省、市县民政部门
96. 包用餐车时,包车停留费每日每辆( )元。
    A. 1002　　　　B. 1200　　　　C. 1020　　　　D. 5000
97. 企业单位单独租用发电车时,租车费每日每辆按( )元核收。
    A. 1200　　　　B. 1002　　　　C. 5000　　　　D. 1210
98. 伤残军人减价票为( )。
    A. 半价的硬座、软座客票及附加票

B. 半价的硬座客票、全价的软座客票及附加票

C. 半价的硬座、软座客票及全价的附加票

D. 全价的硬座、软座客票及附加票

99. 非计算机售票的车站,发售优惠团体票时,一律( )。

　　A. 发售常备客票　　　　　　B. 发售区段票

　　C. 填写代用票　　　　　　　D. 填写"客杂"

100. ( )不办理改签。

　　A. 卧铺票　　B. 加快票　　C. 空调票　　D. 软座票

101. 《铁路旅客运输规程》规定,一名成人带一名身高不超过1.2m的儿童或( )可共用一个卧铺。

　　A. 两名身高不足1.5m的成人　　B. 两名小学生

　　C. 两名身高不超过1.5m的儿童　　D. 两名中学生

102. 因承运人责任致使旅客退票时,在( )退还全部票价。

　　A. 发站　　　　　　　　　　B. 中途站(距发站20km以上)

　　C. 停止旅行站　　　　　　　D. 到站

103. 因( )致使旅客在中途站退票时,已乘区间不足起码里程退还全部票价。

　　A. 旅客自身责任　　　　　　B. 旅客生病

　　C. 承运人责任　　　　　　　D. 不可抗力

104. 线路中断后,铁路组织( )运输时,旅客原票不补不退。

　　A. 停止　　　　　　　　　　B. 原列车绕道

　　C. 换乘其他列车绕道　　　　D. 变径

105. 发站给中途站预留的包房,可利用其发售最远至预留站的软座车票,但涉及夜间(20时~次日7时)乘车,不得超过( )h。

　　A. 1　　B. 2　　C. 3　　D. 4

106. 华侨学生和港澳台学生回家时,车票发售至( )。

　　A. 家庭所在地车站　　　　　B. 边境站

　　C. 本次列车终点站　　　　　D. 换车站

107. 一名旅客(同行3人)持有效硬座普快卧车票在中途站突发疾病,列车移交车站后,旅客要求退票,中途站最多可退还( )名旅客的票价。

　　A. 1　　B. 2　　C. 3　　D. 4

108. 旅客退票时,如只核收了退票费,车站应开具( )。

　　A. 退票报告　　　　　　　　B. 退票费报销凭证

　　C. 退款证明书　　　　　　　D. "客杂"

109. 旅客因病中途要求退票时,车站应收回原票,发给旅客( )。

　　A. 退票费报销凭证　　　　　B. 退票报销凭证

　　C. 退款证明书　　　　　　　D. 退票报告

110. 由于线路中断影响旅行,旅客要证明时,( )应开具文字证明,并加盖站名戳。

　　A. 车站　　B. 列车　　C. 列车员　　D. 列车长

111. 儿童票的座别应与成人车票相同,其到站( )成人车票的到站。

　　A. 应相同于　　B. 应近于　　C. 应远于　　D. 不得远于

15

112. 退票费报销凭证分( )。
    A. 壹元、贰元、叁元、肆元四种   B. 壹元、贰元、叁元、拾元四种
    C. 壹元、叁元、拾元三种   D. 贰元、伍元、拾元三种

113. 旅客持普快车票要求改乘特快列车,售票员在填写代用票时,事由栏填( )。
    A. 补价   B. 特快   C. 无特快   D. 客特快

114. 《铁路客运运价里程表》规定,在计算里程时,如发站和到站在同一条线路,( )。
    A. 用本线起点站或终到站至发站和到站的运价里程相加
    B. 用本线起点站或终到站至发站和到站的运价里程相减
    C. 用本线起点站或终点站的里程通算
    D. 用发站和到站的运价里程相加

115. 客运车辆包括普通车、合造车、( )。
    A. 行李车   B. 邮政车
    C. 代用客车和特种客车   D. 餐车

116. 特定运价是对一些( )而制定的客运运价。
    A. 特殊编组列车   B. 特殊区段
    C. 特殊运输方式和特殊运价区段 D. 特殊物品

117. 旅客票价里程,按旅客乘车的( )计算。
    A. 最短径路   B. 最长径路   C. 实际径路   D. 指定径路

118. 带运、押运包裹的运价里程按( )计算。
    A. 最短径路   B. 最长径路   C. 指定径路   D. 实际径路

119. 行李、包裹运价的起码重量为( )kg。
    A. 3   B. 5   C. 8   D. 10

120. 棚车代用客车时,按车辆标记载重计算定员,每吨按( )人折算,核收棚车客票票价。
    A. 1   B. 1.2   C. 1.5   D. 2

121. 娱乐车、餐车使用费每日每辆( )元(不足1日按1日核收)。
    A. 5000   B. 501   C. 2100   D. 653

122. 餐车合造车使用费每日每辆( )元(不足1日按1日核收)。
    A. 1002   B. 2500   C. 2100   D. 653

123. 娱乐车、餐车的空调费按使用费的( )计算。
    A. 15%   B. 20%   C. 25%   D. 30%

124. 《铁路客运运价里程表》中,京沪线的起止站为( )。
    A. 北京南—上海   B. 北京西—上海
    C. 北京—上海   D. 北京北—上海

125. 《铁路客运运价里程表》中,( )站是京九线国地铁的分界站。
    A. 龙川   B. 定南   C. 赣州   D. 东莞东

126. 车站发售学生票暑期的期限为( )之间。
    A. 6月1日~9月30日   B. 7月1日~9月30日
    C. 6月1日~10月31日   D. 7月1日~10月31日

127. 某旅游团体,要求退还10月8日南昌至上海南K288次(南昌站21:08开)硬座空客

特快票,必须在( )前办理退票手续。
   A.10月8日22:30   B.10月8日20:30
   C.10月6日21:08   D.10月7日21:08
128.空调列车因空调设备故障在运行过程中不能修复时,应退还( )。
   A.已收与已乘区间空调票价票款   B.未使用区间的空调票价
   C.全程空调票价   D.已乘与未乘区间空调票价差额
129.动车组列车学生票票价为全价票价的( )。
   A.50%   B.75%   C.80%   D.100%
130.动车组列车( )学生票。
   A.只发售一等座车
   B.只发售二等座车
   C.既可发售一等座车也可发售二等座车
   D.不发售
131.1501~2500km的行李递远递减率是( )。
   A.20%   B.40%   C.10%   D.50%
132.现行四类包裹与二类包裹运价的比率是( )。
   A.1.2:0.6   B.1.5:0.8   C.1.4:0.9   D.1.3:0.7
133.计算里程:发站和到站在互相衔接的两条线时,( )。
   A.分别计算出自发站和到站间的运价里程
   B.计算出发站至接算站的运价里程相加
   C.分别计算出自发站和到站至该两条线的接算站间的运价里程相减
   D.分别计算出自发站和到站至该两条线的接算站间的运价里程相加
134.持学生证要求使用硬卧时,应购买( )。
   A.半价的客票、加快票、空调、硬卧票
   B.全价的客票、加快票、空调、硬卧票
   C.全价的客票、加快票、空调票及全价的硬卧票
   D.半价的客票、加快票、空调票及全价的硬卧票
135.现行一类包裹与三类包裹运价的比率为( )。
   A.0.5:1   B.0.3:1   C.0.2:1   D.0.4:1
136.包裹的运价从( )km起实行递远递减。
   A.300   B.301   C.200   D.201
137.铁路( )构成全部运输费用。
   A.旅客票价与行李运价   B.旅客票价与包裹运价
   C.行李运价与包裹运价   D.客运运价与客运杂费
138.包用行李车,停留费为每日( )元/辆。
   A.268   B.2780   C.1400   D.1340
139.硬座行李合造车的包车停留费为每日每辆( )元。
   A.258   B.3000   C.1400   D.1300
140.包用行李车的包车单位,在始发站开车前( )h以前提出延期使用,按规定核收包车停留费。

A. 10　　　　B. 12　　　　C. 8　　　　D. 6

141. 包用行李车的包车单位,在始发站开车前不足6h提出延期使用,应核收运费(　　)延期使用费,并重新办理包车手续。
　　A. 20%　　　B. 30%　　　C. 40%　　　D. 50%

142. 硬座客票票价率是(　　)元/(人·km)。
　　A. 0.05861　B. 0.11722　C. 0.01465　D. 0.06447

143. 软座客票票价率与硬座客票票价率的比例关系是(　　)。
　　A. 1:2　　　B. 2:1　　　C. 3:1　　　D. 1:3

144. 开放式硬卧上铺票价率与硬座客票票价率的比例关系是(　　)。
　　A. 1.2:1　　B. 1.3:1　　C. 1.1:1　　D. 1:1

145. 开放式硬卧中铺票价率与硬座客票票价率的比例关系是(　　)。
　　A. 1.2:1　　B. 1.3:1　　C. 1.1:1　　D. 1:1

146. 开放式硬卧下铺票价率与硬座客票票价率的比例关系是(　　)。
　　A. 1.2:1　　B. 1.3:1　　C. 1.1:1　　D. 1:1

147. 软卧上铺票价率与硬座客票票价率的比例关系是(　　)。
　　A. 1.70:1　B. 1.75:1　C. 1.80:1　D. 1.95:1

148. 软卧下铺票价率与硬座客票票价率的比例关系是(　　)。
　　A. 1.70:1　B. 1.75:1　C. 1.80:1　D. 1.95:1

149. 空调票票价率与硬座客票票价率的比例关系是(　　)。
　　A. 1:2　　　B. 1:3　　　C. 1:4　　　D. 1:5

150. 旅客票价从(　　)km起实行递远递减。
　　A. 101　　　B. 201　　　C. 301　　　D. 401

151. 201~500km的旅客票价递远递减率是(　　)。
　　A. 20%　　　B. 40%　　　C. 10%　　　D. 50%

152. 501~1000km的旅客票价递远递减率是(　　)。
　　A. 20%　　　B. 40%　　　C. 10%　　　D. 50%

153. 1001~1500km的旅客票价递远递减率是(　　)。
　　A. 20%　　　B. 40%　　　C. 10%　　　D. 30%

154. 1501~2500km的旅客票价递远递减率是(　　)。
　　A. 20%　　　B. 40%　　　C. 10%　　　D. 50%

155. 2501km以上的旅客票价递远递减率是(　　)。
　　A. 20%　　　B. 40%　　　C. 10%　　　D. 50%

156. 旅客托运的行李超过50kg时,对超过部分按(　　)计算。
　　A. 行李运价　　　　　　B. 行李运价加倍
　　C. 行李运价减半　　　　D. 包裹运价

157. 新型空调列车的各票种票价,分别在普通车客票、加快票、卧铺票、空调票的票价基础上上浮不超过(　　)计算。
　　A. 30%　　　B. 40%　　　C. 50%　　　D. 60%

158. (　　)不属于加快票。
　　A. 普通加快票　B. 快速加快票　C. 特别加快票　D. 直通加快票

159. 1001~1500km 的行李递远递减率是( )。
    A. 20%   B. 40%   C. 10%   D. 30%
160. 201~500km 的行李递远递减率是( )。
    A. 20%   B. 40%   C. 10%   D. 50%
161. 501~1000km 的行李递远递减率是( )。
    A. 20%   B. 40%   C. 10%   D. 50%
162. 2501km 以上的行李递远递减率是( )。
    A. 20%   B. 40%   C. 10%   D. 50%
163. 现行一类包裹与二类包裹运价的比率为( )。
    A. 1:7   B. 2:7   C. 3:7   D. 4:7
164. 现行一类包裹与四类包裹运价的比率为( )。
    A. 1:13   B. 2:13   C. 3:13   D. 4:13
165. 现行二类包裹与三类包裹运价的比率为( )。
    A. 0.5:1   B. 0.6:1   C. 0.7:1   D. 0.8:1
166. 现行四类包裹与三类包裹运价的比率为( )。
    A. 1.1:1   B. 1.2:1   C. 1.3:1   D. 1.4:1
167. 列车上补卧铺手续费为( )元/人次。
    A. 1   B. 3   C. 4   D. 5
168. 包车变更费用的计算:开车前6h至开车前48h( )。
    A. 退还全部费用,核收票价、使用费、运费10%的停止使用费
    B. 退还全部费用,核收票价、运费10%的停止使用费
    C. 退还全部费用,核收票价、使用费、运费20%的停止使用费
    D. 退还全部费用,核收票价10%的停止使用费
169. 包车变更费用的计算:开车前不足6h( )。
    A. 退还全部费用,核收票价、使用费、运费20%的停止使用费
    B. 退还全部费用,核收票价、运费10%的停止使用费
    C. 退还全部费用,核收票价、使用费、运费50%的停止使用费
    D. 退还全部费用,核收票价10%的停止使用费
170. 包车变更费用的计算:开车后要求停止使用时,( )。
    A. 退还全部费用,核收票价、使用费、运费10%的停止使用费
    B. 退还全部费用,核收票价、运费10%的停止使用费
    C. 退还全部费用,核收票价、使用费、运费20%的停止使用费
    D. 只退还尚未产生的包车停留费
171. 不属于减价票的是( )。
    A. 儿童票   B. 铁路乘车证   C. 伤残军人票   D. 学生票
172. 车站发售学生票寒假期限为( )之间。
    A. 12月1日~2月28日   B. 12月1日~3月31日
    C. 11月1日~2月28日   D. 11月1日~3月31日
173. 代用普通加快票的代用票事由栏填写( )。
    A. 快速   B. 普快   C. 客快   D. 特快

174. 代用快速加快票的代用票事由栏填写( )。
   A. 快速　　　B. 普快　　　C. 客快　　　D. 特快
175. 代用特别加快票的代用票事由栏填写( )。
   A. 快速　　　B. 普快　　　C. 客快　　　D. 特快
176. 代用客快联合票的代用票事由栏填写( )。
   A. 快速　　　B. 普快　　　C. 客快　　　D. 特快
177. 代用卧铺票的代用票事由栏填写( )。
   A. 客快卧　　B. 客特快卧　　C. 卧　　　　D. 客快
178. 办理软座变硬卧时,代用票事由栏填写( )。
   A. 变座　　　B. 变卧　　　C. 变铺　　　D. 座变卧
179. 旅客运输统计结算时间为( )点。
   A. 12　　　　B. 18　　　　C. 20　　　　D. 24
180. 行李运价里程,按行李实际运送的径路计算,旅客要求由近径路运送时,如有( )可按近径路计算。
   A. 直达列车　B. 始发列车　C. 中转接续列车　D. 始发终到列车
181. 全国铁路接算站示意图中,( )是接算站。
   A. 萧山　　　B. 芜湖南　　C. 庐山　　　D. 梅水坑
182. 全国铁路接算站示意图中,( )不是接算站。
   A. 北京北　　B. 昆明北　　C. 包头北　　D. 包头东
183. 包车单位包用专用列车,在包用专用列车的编组中编挂了行李隔离车,该隔离车辆( )计费。
   A. 按停留费　B. 按空驶　　C. 不另　　　D. 按租车
184. 包用专用列车的编组中编挂了行李隔离车,包车单位用隔离车装运行李、包裹时,按( )办理。
   A. 实际重量　B. 包车　　　C. 三类8t　　D. 三类10t
185. 包车停留费按日计算,自0时起至24时为一日,不足( )h按半日计算。
   A. 6　　　　B. 12　　　　C. 10　　　　D. 14
186. "以上"、"以下"、"以内"、"以外"、"以前"、"以后"在《铁路客运运价规则》中的含义( )。
   A. 均包括本数
   B. 均不包括本数
   C. 以上、以下包括本数,以内、以外、以前、以后不包括本数
   D. 以上、以下不包括本数,以内、以外、以前、以后包括本数
187. "超过"、"大于"、"不满"、"小于"、"不足"、"不够"在《铁路客运运价规则》中的含义( )。
   A. 均包括本数
   B. 均不包括本数
   C. 超过、大于包括本数,不满、小于、不足、不够不包括本数
   D. 超过、大于不包括本数,不满、小于、不足、不够包括本数
188. 包用客车、公务车、专用列车,应预先支付相当于运费( )的定金。

A. 10% B. 20% C. 30% D. 40%

189. 包用行李车时,按( )核收行李、包裹运费。
    A. 行李、包裹的实际重量　　B. 车辆标记载重
    C. 标记载重的2/3　　　　　D. 标记载重的1/3

190. 包用棚车代用行李车时,起码计费重量按标记载重的1/3计算,不足1t的尾数( )。
    A. 四舍五入 B. 进整为1t C. 舍去不计 D. 视具体情况而定

191. 包用标记载重60t的棚车一辆,装运行李18t,则计费重量为( )t。
    A. 60 B. 40 C. 20 D. 18

192. 厂矿、企业等单位租用行李车在本单位使用时,按每日每辆( )元核收租车费。
    A. 349 B. 139 C. 653 D. 1400

193. 企业自备车在国家铁路的旅客列车挂运时,空车(不分车种)按每轴每公里( )元核收挂运费。
    A. 0.543 B. 0.534 C. 0.468 D. 0.486

194. 在办理直通过轨运输时,各段由于分段计算,有不足起码里程区段时,( )计算客运运价。
    A. 按起码里程(但行李、包裹例外)
    B. 按起码里程
    C. 按起码里程(但卧铺票按规定比例)
    D. 第一段按起码里程

195. 中转换车的旅客,其卧铺票只能发售到( )。
    A. 较大中转站 B. 旅客换车站 C. 旅客到站 D. 本次列车终到站

196. 普通大专院校录取的新生,凭( )可买一次学生票。
    A. 录取通知书 B. 准考证 C. 学校书面证明 D. 所在地教委证明

197. 持有"伤残人民警察证"的旅客,可以享受半价的( )。
    A. 软座、硬座客票和附加票　　B. 硬座客票和附加票
    C. 软座客票和附加票　　　　　D. 附加票

198. 现役伤残军人的"残疾军人证"由( )签发。
    A. 中国人民解放军总后勤部　　B. 中国人民解放军团以上单位
    C. 中国人民解放军师以上单位　D. 中国人民解放军军以上单位

199. 发售软座客票最远售至( )。
    A. 较大中转站　　　　　　　B. 旅客换车站
    C. 旅客到站　　　　　　　　D. 本次列车终到站

200. 发售动车组列车车票时,最远至( )。
    A. 较大中转站　　　　　　　B. 旅客换车站
    C. 旅客到站　　　　　　　　D. 本次列车终到站

201. 旅客在全部旅途中分别乘坐空调车和普通车时,可发售全程( )车票,对乘坐空调车区段另行核收空调车与普通车的票价差。
    A. 普通软座 B. 普通硬座 C. 硬座快速 D. 软座快速

202. 身高( )m的儿童单独使用卧铺时,应买儿童票及全价卧铺票。

A. 1.1~1.4 B. 1.2~1.5 C. 1.2~1.4 D. 1.1~1.5

203. 身高超过( )m 的儿童应买全价车票。
A. 1.2 B. 1.4 C. 1.5 D. 1.6

204. 身高不够 1.2m 的儿童单独使用卧铺时,只买( )。
A. 全价客票 B. 全价卧铺票及半价空调票
C. 半价客票和半价卧铺票 D. 半价客票和卧铺票

205. 身高 1.2~1.5m 的儿童单独使用卧铺时,应买( )。
A. 全价客票和卧铺票 B. 儿童票和半价卧铺票
C. 儿童票和全价卧铺票 D. 全价客票和半价卧铺票

206. 在旅客乘车区间中,一段乘硬座、一段乘软座时,全程发售( ),另收软座区间的软硬座票价差额。
A. 硬座客票 B. 软座客票 C. 硬座快速 D. 软座快速

207. 持学生证要求使用( ),应全部购买全价票,不再享受减价待遇。
A. 硬卧 B. 软席 C. 软卧 D. 硬座

三、问答题

1. 何谓承运人？承运人有哪些基本权利和义务？

2. 何谓旅客？旅客有哪些基本权利和义务？

3. 何谓托运人？

4. 何谓收货人？

5. 何谓直达票？

6. 何谓通票？

7. 何谓改签？

8. 何谓等级？

9. 何谓动车组？

10. 什么是铁路旅客运输合同？该合同的基本凭证是什么？

11. 车票票面主要应当载明哪些内容？

12. 客票的发售规定有哪些？

13. 加快票的发售规定有哪些？

14. 空调票的发售规定有哪些?

15. 享受儿童票的条件及减价票种有哪些?

16. 儿童票的办理限制有哪些?

17. 儿童免费乘车的规定有哪些?

18. 儿童乘坐卧铺的规定有哪些?

19. 哪些人员可以购买学生票?

20. 哪些情况不能发售学生票?

21. 伤残军人减价票的购买条件、购票凭证及减价票种有哪些?

22. 什么是团体旅客？团体旅客车票的发售规定有哪些？

23. 遇有哪些情况时需要填写代用票？

24. 什么是票额共用？票额共用的形式有哪些？

25. 什么是席位复用？席位复用形式有哪些？

26. 卧铺票的发售方法有哪些？

27. 旅客要求退票时,应如何办理？

28. 因承运人责任致使旅客退票时,应如何办理?

29. 发生线路中断,旅客要求退票时,应如何办理?

30. 什么是客运杂费?客运杂费的收费项目及收费标准有哪些?

31. 什么是特定运价?特定运价的种类有哪些?

32. 什么是接算站?接算站的种类有哪些?

33. 旅客票价的构成要素有哪些?

34. 行包运价的构成要素有哪些?

35. 行李、包裹运费的核收规定有哪些?

四、综合题

1. 2015年3月1日,一旅客在安广站购买K7302次(白城—长春,快速)旅客列车车票,终点站为长春,在长春站换乘至沈阳,要求全程购买软座快速车票。请问安广站应如何发售?

2. 2015年3月2日,一学生持大连至沈阳的学生优待证要求购买当日T261次(大连—哈尔滨,空调特快)大连至蔡家沟的硬座客特快学生票。请问大连站应如何发售?

3. 2015年3月2日,在K598/599次(包头—广州,空调快速),邢台到站时列车交下一急病旅客,需住院治疗,该旅客持该次列车北京西至广州的空调硬座客快速卧(下)车票办理退票手续,请问邢台站应如何处理?

4. 2015年3月2日,在K598/599次(包头—广州,空调快速),邢台到站后一旅客持列车长编制的15号硬卧车厢因燃轴甩下的客运记录和该次列车北京西至广州的空调硬座客快速卧(下)车票要求办理退票手续,请问邢台站应如何处理?

5. 2015年3月2日,T18次(牡丹江—北京,经京哈线,新型空调车)列车在沈阳北到站前验票发现硬座车一学生无票乘车,持北京—哈尔滨有效的学生证,请问列车应如何处理?

项目二 旅客运输

一、判断题(对的打"√",错的打"×")

1. 动车组列车车票办理改签不受开车后2h的限制。（　）
2. 动车组列车车票办理改晚乘车手续时,推迟乘车的时间应当在车站售票的预售期内。（　）
3. 里程600km的通票有效期为3日。（　）
4. 发售软座客票时最远至本次列车终点站。（　）
5. 旅客因病,在客票有效期内,出具医疗单位证明或经车站证明时,可按医疗日数延长有效期,但最多不超过10天;卧铺票不办理延长,可办理退票手续。同行人同样办理。（　）
6. 旅客可以限量携带安全火柴30小盒。（　）
7. 卧铺票按指定的乘车日期和车次使用有效,其他附加票随同客票使用有效。（　）
8. 旅客可以携带初生雏30只。（　）
9. 两名以上旅客共持一张代用票要求办理分票手续时,站车应予以办理。（　）
10. 家养宠物可以随主人同行,带入列车内。（　）
11. 旅客可以携带700mL的摩丝乘车。（　）
12. 列车内发现无人护送的精神病旅客,可以向中途站移交。（　）
13. 带有恶臭异味的物品不得带入列车内。（　）
14. 车票改签后,有效期自改签后实际乘车日起计算。（　）
15. 旅客不能将香水带进站、带上车。（　）
16. 旅客可限量携带初生雏20只。（　）
17. 旅客在车票到站前要求越过到站继续乘车时,在有运输能力的情况下列车应予以办理。（　）
18. 在列车内寻衅滋事的旅客,列车长可责令其下车,列车长编客运记录交车站,车站工作人员将该旅客带出站外,情节严重的送交公安部门处理。（　）
19. 为了方便旅客的旅行生活,旅客可将安全火柴、摩丝等带入车内。（　）
20. 运价里程1245km的通票有效期为2日。（　）
21. 动车组列车车票当日当次有效,在铁路运输企业管内运行的动车组列车车票有效期由企业自定。（　）
22. 旅客每人免费携带品的重量是成人20kg,儿童(含免费儿童)10kg,外交人员35kg,新老兵运输期间新老兵35kg。（　）
23. 旅客运送期间自检票进站起至到站出站时止计算。（　）
24. 对烈性传染病患者,车站应将其安排到人少的地方候车。（　）
25. 因误售、误购或误乘需送回时,承运人应免费将旅客送回。（　）

26. 旅客携带品由自己负责看管。( )
27. 因违反国家法律、法规,在站内、列车内寻衅滋事、扰乱公共秩序的人,被责令下车后,对未使用到站的票价不予退还,并在票背面作相应的记载,运输合同即行终止。( )
28. 普通车旅客免费携带物品,每件物品外部尺寸长、宽、高之和不超过160cm。动车组旅客不超过130cm。( )
29. 免费乘车的儿童不可以免费携带物品。( )
30. 越站乘车当计算越站区间的票价时,越站区间不足起码里程按起码里程计算,同时收取手续费。( )
31. 分乘同时变座时,先分乘后变座。( )
32. 持站台票上车送客未下车但及时声明时,只补收至前方停车站的票款。( )
33. 旅客要求越站乘车,必须在原票到站前提出,办理时最远不超过本次列车的终点站。( )
34. 旅客无票乘车,不能判明乘车站时,应按旅客提供的乘车站起补票。( )
35. 分乘同时变径时,先分乘后变径。( )
36. 列车的验票工作应由列车长负责组织实施,由乘警、列车值班员等有关人员配合。( )
37. 实名制车票丢失,办理挂失补票的时间不晚于票面发站停止检票时间前30min。( )
38. 实名制购票丢失车票,旅客可以在列车停止检票前20分钟到车站售票窗口办理挂失补办手续。( )
39. 应买票而未买票的儿童除补收儿童票、核收手续费外,还须加收应补票价50%的票款。( )
40. 旅客列车应预留3个卧铺,供便乘机车乘务员使用。( )
41. 为了照顾旅客对卧铺的使用要求,发站给中途站预留的铺位,如旅客的到站是预留站或预留站附近的车站时,可利用其发售最远至预留站的卧铺票。( )
42. 卧铺票必须和客票的到站、座别相同,但需中转换车旅客的卧铺票只发售到换车站。( )
43. 铁路旅客运输合同的基本凭证是车票。( )
44. 成人带儿童可共用一个卧铺。( )
45. 列车验票原则上每300km一次,运行全程不足300km的列车应查验一次,特殊区段由列车长决定查验次数的增减。( )
46. 车站的检票口、出站口应有明显的标志。( )
47. 在无人售票的乘降所上车的人员,可在列车内购票,不收手续费。( )
48. 列车因晚点,使旅客在规定的有效期内不能到达到站时,车站可视实际需要延长车票的有效期。( )
49. 车站对进出站的旅客和人员应验票。( )
50. 旅客不能按票面指定的日期、车次乘车时,在列车有能力的前提下,可以办理2次提前或改晚乘车签证手续。( )
51. 乘坐动车组列车旅客如中途下车,未乘区间车票失效。( )
52. 中途换车旅客继续旅行时,应先行到车站办理车票签证手续。( )

53. 列车补票限最远站本次列车终点站。( )
54. 国家禁止运输的物品不得带入车内。( )
55. 对旅客的遗失物品应设法归还原主,如旅客已经下车,应编制客运记录,注明品名、件数等移交下车站。不能判明时,移交列车终点站。( )
56. 因列车满员、晚点、停运等原因,使旅客在规定的有效期内不能到达到站时,车站可视实际需要延长车票的有效期。( )
57. 办理改晚乘车签证手续,最晚不超过开车后1h,团体旅客必须在开车24h前办理。( )
58. 持直通票的旅客,在中转站要求换乘动车组列车时,补收该区间的动车组列车票价与原票票价差额。( )
59. 铁路车站、列车及与运营有关人员在执行职务中的行为代表承运人。( )
60. 对于精神病患者,站车可以不予运送,已购车票的按旅客退票的有关规定处理。( )
61. 旅客免费携带品中单件重量不超过25kg。( )
62. 持用伪造或涂改的车票乘车时,除按无票处理外并送交公安部门处理。( )
63. 导盲犬可以带入列车内。( )
64. 因误售、误购或误乘需送回时,在免费送回区间,如旅客中途下车,对往返乘车区间按返程所乘列车等级补收往返区间的票价,核收手续费。( )
65. 毒害品可以带入列车内。( )
66. 为了方便旅客,三等以上客流较大的车站均应设旅客携带品暂存处。( )
67. 发现有人护送的精神病旅客,乘务员应向护送人员介绍安全注意事项,并予以协助。( )
68. 列车上发现有烈性传染病患者时,列车长编制客运记录交车站处理。必要时,应通知铁路防疫部门处理污染现场。( )
69. 旅客携带品超过免费重量或超过规定的外部尺寸时,在发站禁止进站上车。( )
70. 为了方便旅客的旅行,在保证安全的条件下,可限量携带不超过100mL的酒精、冷烫精。( )
71. 运价里程2134km的通票有效期为4天。( )
72. 运价里程2122km的通票有效期为3天。( )
73. 发售边境地区的客票时,应要求旅客出示国务院铁路主管部门、公安部门规定的边境居民证、身份证或《中华人民共和国过境管理区通行证》等有效证件。( )
74. 旅客免费携带品中杆状物品不超过200cm。( )
75. 为了方便旅客和充分利用运输能力,白天乘车的旅客,在软卧车有空余包房时,车站可根据列车长预报,发售软座客票。( )
76. 旅客在全部旅途中,分别乘坐空调车和普通车时,可发售全程普通硬座车票,对乘坐空调车区段另行核收空调车与普通车的票价差。( )
77. 对已带上车的宠物,应安排在列车通过台上由旅客自己看管,宠物发生意外或伤害其他旅客时,由携带者负责。( )
78. 空气清新剂可不限量带入列车内。( )
79. 旅客可按票面指定的日期、车次在中途站上车,但未乘区间票价不退。( )

80. 旅客中途站下车后卧铺票即行失效。 （ ）
81. 原票已托运行李的,在改签后的车票背面注明"原票已托运行李"字样,并加盖站名戳。 （ ）
82. 旅客可在列车中途停车站下车,并在车票有效期内恢复旅行(卧铺、动车除外)。 （ ）
83. 因铁路责任造成旅客不能按票面记载的日期、车次乘车时,乘车站应按旅客要求尽早安排改乘有能力列车去到站。 （ ）
84. 因铁路原因导致旅客改乘,发生票价差额时,只退不补。 （ ）
85. 旅客在发站办理改签时,改签后的车次票价高于原票价时,核收票价差额,并收回原票换发新票,票面打印"始发改签"字样。 （ ）
86. 旅客在发站办理改签时,改签后的车次票价低于原票价时,退还票价差额,并收回原票换发新票,票面打印"始发改签"字样。 （ ）
87. 列车上验票每500km查验一次。 （ ）
88. 旅客可将动物带入车内。 （ ）
89. 在列车上发现将国家禁止、限制运输的物品或危险品伪报其他品名托运或在货件中夹带时,编制客运记录交到站处理,属危险品的交前方停车站处理。 （ ）
90. 因托运人伪报品名给铁路和其他旅客(收货人)造成的损失,由托运人负部分责任。 （ ）
91. 在发站发现将国家禁止、限制运输的物品或危险品伪报其他品名托运或在货件中夹带时,停止装运,通知托运人领取,运费不退,并将原票收回,在记事栏内注明"伪报品名,停止装运,运费不退"。 （ ）
92. 在到站发现(包括列车移交的),对超大物品核收全程四类包裹的运费及保管费。 （ ）
93. 臭豆腐可以带入列车内。 （ ）
94. 持直通票的旅客在中转站要求更换动车组列车时,补收该区间的动车组票价与原票票价差额。 （ ）
95. 办理车票签证手续的具体做法就是在车票背面加盖"换乘签证"戳或"改签乘车日期"戳,填入继乘的车次、日期、车号、座号等。微机制票的车站,用计算机打出中转软纸票。 （ ）
96. 卧铺票按指定的乘车日期和车次使用有效。 （ ）
97. 由于误售,原票有效期间不能到达正当到站时,应根据折返站至正当到站间的里程,重新计算车票有效日期。 （ ）
98. 新老兵运输期间,新老兵免费携带重量为30kg。 （ ）
99. 包车时按实际乘车人数计算免费携带重量。 （ ）
100. 能够损坏车辆的物品禁止带入列车内。 （ ）
101. 变径后的客票有效期从办理站按新径路的里程重新计算。 （ ）
102. 运价里程2183km的通票有效期为4天。 （ ）
103. 由于旅客没有确认车次或上、下行方向坐错了车,或乘车中坐过了站,统称为误乘。 （ ）
104. 因列车满员,使旅客在规定的有效期内不能到达到站时,车站可视实际需要延长通票

的有效期。（　）

105. 车站在办理延长有效期手续时,应在车票背面注明"因××延长有效期×日",并加盖站名戳。（　）

106. 运价里程 3123km 的客票有效期为 4 天。（　）

107. 车站在办理延长有效期手续时,如因铁路责任,应在行李票上签注"因××原因改乘×月×日××车次",加盖站名戳,作为到站提取行李时,计算免费保管日数的凭证。（　）

108. 旅客在乘车途中通票有效期终了,要求继续乘车时,应自有效期终了站或最近前方停车站起,另行补票,核收手续费。（　）

109. 旅客丢失车票,在列车上补票时,要注明"丢失",以便找到原票时可凭此退票。（　）

110. 旅客在乘车中丢失车票,应自丢失站起（不能判明丢失站时从列车始发站）,补收票价,核收手续费。（　）

111. 不能判明是否丢失车票时按无票处理。（　）

112. 学生票在列车上或中途丢失时,经确认无误后,补收自丢失站起至到站的学生减价票,核收手续费,不再在优待证上加盖有关公章。（　）

113. 补票后又找到原票,在发站按退票处理。（　）

114. 补票后又找到原票,在列车上经列车长确认后应编制客运记录,连同原票和后补车票一并交给旅客,作为旅客在到站出站前要求退还候补车票记载的票据依据。（　）

115. 身高超过 1.4m 的儿童使用儿童票乘车时,应补收全价票价与儿童票价的差额,核收手续费。（　）

116. 无票乘车时,补收自乘车站起至到站止车票票价,核收手续费,并加收应补票价 50% 的票款。（　）

117. 旅客携带动物,按该动物全部重量补收乘车站至到站三类包裹运费。（　）

118. 发现旅客违章携带危险品乘车,按该件全部重量补收乘车站至下车站四类包裹运费,危险品交前方停车站处理。（　）

119. 遗失物品需要通过铁路向失主所在站转送时,内附清单,物品加封,填写客运记录和行李、包裹交接证,交列车行李员签收。（　）

120. 旅客遗失物品向查找站转送时,物品重量超过 5kg 时,到站按品类补收运费。（　）

121. 超过免费携带重量的物品,对不可分拆的整件超重、超大物品、动物,按该件全部重量补收上车站至下车站四类包裹运费。（　）

122. 遗失物品中的危险品、国家禁止或限制运输的物品、机要文件应立即移交公安机关或有关部门处理,不办理转送。（　）

123. 对于旅客的遗失物品,如旅客已下车,应编制客运记录,注明品名、件数等移交下车站。（　）

124. 旅客携带的初生雏,不得带入车内。（　）

125. 旅客将宠物小狗带入车内,小狗伤害其他旅客,由携带者负责。（　）

126. 对携带品超重不足 5kg 时,应免收运费。（　）

127. 对违章携带的物品补收运费时,一律填写客运运价杂费收据,注明日期、发到站、车次、事由、件数、重量。（　）

128. 对已带入车内的猫、狗、猴等宠物,应安排在列车座位下由旅客自己照看。（ ）
129. 在车内或下车站,对超过免费重量的物品,其超重部分应补收三类包裹运费。
（ ）
130. 对旅客遗失物品中的鲜活易腐品和食品,不负责保管和转运。（ ）
131. 旅客携带品超重时,超重的物品价值低于运费时,可按物品价值的50%核收运费。
（ ）
132. 外交人员免费携带品的重量是35kg。（ ）
133. 持失效车票乘车按无票处理。（ ）
134. 持用伪造或涂改的车票乘车时,按无票处理。（ ）
135. 持站台票上车并在开车10min仍未声明时,按无票处理。（ ）
136. 持用低等级的车票乘坐高等级列车、铺位、座席时,补收所乘区间的票价差额,核收手续费,并加收应补票价50%的票款。（ ）
137. 旅客持半价票没有规定的减价凭证或不符合减价条件时,补收全价票价与半价票价的差额,核收手续费,并加收应补票价50%的票款。（ ）
138. 对无票乘车而又拒绝补票的人,列车长可责令其下车并应编制客运记录交县市所在地车站或三等以上车站处理。车站队列车移交或车站发现的上述人员应追补应收和加收的票款,核收手续费。（ ）
139. 变更径路是指发站到站不变只是改变经过的线路。（ ）
140. 动车组列车不办理变径。（ ）
141. 旅客可以要求变卧铺为硬座,同时退得票价差。（ ）
142. 旅客要求变更座席和铺位、列车等级时,由高等级变更为低等级不办理。（ ）
143. 旅客要求变更座席和铺位、列车等级时,由低等级变更为高等级时,应补收变更区间的票价差额,核收手续费。（ ）
144. 持用软座票的旅客要求改用硬卧时,补收变更区间的票价差额,核收手续费。
（ ）
145. 旅客在中转站和列车上要求变更径路时,必须在客票有效期内能够到达到站时方可办理。（ ）
146. 办理变更等级需补收票价差额时,可发售一张补价票,随同原票使用有效。（ ）
147. 变径时原票价低于变径后的票价,应补收新旧径路里程的票价差额,核收手续费。
（ ）
148. 因承运人责任使旅客不能按票面记载的日期、车次、座别、铺别乘车时,重新安排使旅客变更座席、铺位、列车等级,应补收的不补收。（ ）
149. 因承运人责任使旅客不能按票面记载的日期、车次、座别、铺别乘车时,重新安排使旅客变更座席、铺位、列车等级,应退款时,站、车应编制客运记录,到站退还票价差额,不收退票费。（ ）
150. 动车组车票可办理变径。（ ）
151. 旅客实名制购票车票丢失,不晚于票面发站停止检票前20min,可以到车站售票窗口办理挂失补办手续。（ ）
152. 变径后未乘区间卧铺票即行失效。（ ）
153. 变径后客票的有效期从办理站起按新径路里程重新计算。（ ）

154. 团体旅客办理分乘,不够团体条件时对减免旅客应从始发站重新补票。（   ）

155. 团体旅客办理分乘,不够团体条件时不再重新补票。（   ）

156. 分乘同时越站时,先分乘后越站。（   ）

157. 越站同时变座、变铺、补卧时,先越站后变更,其他情况同时越站时,先变更后越站。（   ）

158. 越站乘车可以超过本次列车终点站。（   ）

159. 无论在发站、中途站或在列车上,旅客提出要求办理分乘时,都应按旅客提出分票乘车的张数,换发代用票,收回原票,并按分票的张数核收手续费。（   ）

160. 在列车严重超员的情况下,为满足旅客需求,也可办理旅客的越站乘车。（   ）

161. 在列车严重超员的情况下,不能办理越站乘车。（   ）

162. 旅客乘坐的是回转车,途中需要甩车时,不能办理越站乘车。（   ）

163. 乘坐卧铺的旅客买的是给中途站预留的铺位时,不能办理越站乘车。（   ）

164. 同一城市有两个以上的车站,旅客由于不明情况,发生越站乘车时,如票价相同,原票按有效处理。（   ）

165. 分乘同时越站时,先越站后分乘。（   ）

166. 同一城市有两个以上的车站,旅客由于不明情况,发生越站乘车时,如票价不相同,只办理客票越站,附加票可按有效使用至到站。（   ）

167. 旅客免费携带品重量每件最大不超过20kg。（   ）

168. 能够污染车辆的物品禁止带入列车内。（   ）

169. 旅客可限量携带不超过600mL 的卫生杀虫剂。（   ）

170. 旅客可限量携带不超过500mL 的发胶。（   ）

171. 发现旅客携带危险品按该件全部重量加倍补收乘车站至下车站四类包裹运费。（   ）

172. 发现旅客携带国家禁止运输的物品按该件全部重量加倍补收乘车站至下车站四类包裹运费。（   ）

173. 发现旅客携带妨碍公共卫生的物品按该件全部重量加倍补收乘车站至下车站四类包裹运费。（   ）

174. 发现旅客携带国家限制运输的物品按该件全部重量加倍补收乘车站至下车站四类包裹运费。（   ）

175. 公安人员持枪不能乘坐旅客列车。（   ）

176. 发现旅客携带损坏污染车辆的物品按该件全部重量补收乘车站至下车站四类包裹运费。（   ）

177. 接车接到的携带品限量5kg,超过5kg的部分按100km补收四类包裹运价。（   ）

178. 旅客携带品超过免费重量,或超过规定的外部尺寸需补收运费时,不得超过本次列车的始发和终到站。（   ）

179. 没收旅客携带的危险品时,应向被没收人出具书面证明,即《没收危险品决定书》,被没收人签字。（   ）

180. 旅客遗失物品中,国家禁止运输的物品不办理转送。（   ）

181. 旅客遗失物品中,国家限制运输的物品不办理转送。（   ）

182. 旅客遗失物品中,动物不办理转送。（   ）

183. 旅客遗失物品中,妨碍公共卫生的物品不办理转送。( )
184. 旅客把10kg海鲜遗失在列车上,可办理转送。( )
185. 运价里程1237km的通票有效期为5天。( )
186. 旅客伤亡移交车站处理时列车应编制客运记录。( )
187. 实名制售票购票后丢失,在开车前15min以前可以办理挂失补。( )
188. 超重、超大物品不准带进站和列车内。( )
189. 旅客遗失的物品不能判明旅客下车站时移交列车终点站处理。( )
190. 自动检票机应保证每分钟至少15人的通过能力。( )
191. 承运人在发售车票时,可以使用到站不同但票价相同的客票代替旅客到站的客票。( )
192. 旅客在发站办理改签时,原票价高于改签后的票价时,退还票价差额,并应收回原票换发新票,计算机票的票面打印始发改签字样。( )

二、选择题

1. 新老兵运输期间新老兵免费携带品重量为( )kg。
   A. 30   B. 35   C. 40   D. 50
2. 线路中断,旅客持原票自行绕道改乘其他车次列车时,应按( )处理。
   A. 无票
   B. 重新购票
   C. 持原票乘车有效
   D. 变径
3. 购买了直达列车各席别车票的旅客,可要求提前或改晚乘车,( )办理改签手续。
   A. 在铁路各售票网点均可
   B. 在开车2h内
   C. 在任何车站
   D. 需到购票地所在车站或始发站
4. 发现旅客违章携带危险品乘车,按该件全部重量( )乘车站至下车站四类包裹运费,危险品交前方停车站处理。
   A. 补收   B. 20%补收   C. 加倍补收   D. 50%补收
5. 遗失物品需要通过铁路向失主所在站转送时,内附清单,物品加封,填写客运记录和( ),交列车行李员签收。
   A. 客运运价杂费收据
   B. 行李、包裹交接证
   C. 车站暂存票收据
   D. 车站值班员交接证
6. 因误乘或坐过了站,在原票有效期不能到达时,应根据( )至正当到站间的里程,重新计算车票有效期。
   A. 指定交站   B. 新发站   C. 折返站   D. 列车交的停车站
7. 无票乘车时,补收( )起至到站止车票票价,并加收应补票价50%的票款,核收手续费。
   A. 自发现的前发站
   B. 自列车始发站
   C. 发现站
   D. 自乘车站(不能判明时自始发站)
8. 旅客持半价票没有规定的减价凭证或不符合减价条件时,补收( ),还应加收应补票价50%的票款,核收手续费。
   A. 全价票价
   B. 全价票价与半价票价的差额
   C. 半价票价的差额
   D. 已乘区间票价和未乘区间票价差额

9. 旅客因误乘被送回时,如中途下车,对往返乘车的免费区间(　　)。
   A. 按返程所乘列车等级分别核收往返区间票价,核收一次手续费
   B. 对往返乘车区间加倍补收票价,核收二次手续费
   C. 对已乘区间补收票价,返程区间加倍补收票价,核收手续费
   D. 对往返乘车区间补收票价,并加收应补票价 50% 的票款,核收二次手续费

10. 列车向车站移交伤亡旅客时,编制"客运记录"(　　)。
    A. 一式四份　　B. 一式二份　　C. 一式三份　　D. 一式五份

11. 发站给中途站预留的包房,可利用其发售最远至预留站的软座车票,但涉及夜间乘车,不得超过(　　)h。
    A. 2　　　　B. 2.5　　　　C. 3　　　　D. 3.5

12. 乘坐的回转车,途中需要甩车,不能办理(　　)。
    A. 分乘　　B. 越站　　C. 变更　　D. 变径

13. 为方便旅客旅行生活,旅客可限量携带(　　)乘车。
    A. 气体打火机 5 个,安全火柴 20 小盒
    B. 刚出生的小蛇 230 条
    C. 初生雏 30 只
    D. 不超过 200mL 的酒精

14. 对持半价票和(　　)乘车证的旅客须核对相应的证件。
    A. 各种　　B. 铁路　　C. 特种　　D. 全国铁路免费

15. 旅客在车站或列车内可要求变更一次径路。办理时,原票价低于变径后的票价时,应补收(　　)。
    A. 新、旧径路里程票价差额
    B. 新、旧径路里程差票价
    C. 新、旧径路里程票价差额,核收手续费
    D. 新、旧径路里程差票价,核收手续费

16. 旅客在车票到站前要求越过到站继续乘车,列车在办理时核收(　　)。
    A. 越站区间的票价　　　　　　B. 越站区间的票价和手续费
    C. 新到站与原到站票价差额　　D. 新到站与原到站票价差额和手续费

17. 旅客同时提出变更座别、铺别和越站,办理时使用一张代用票,(　　)手续费。
    A. 按最高标准核收一次　　　　B. 分别核收
    C. 不收　　　　　　　　　　　D. 按最低标准核收三次

18. 分乘与旅行变更同时发生时,按(　　)。
    A. 所开代用票张数核收手续费　　B. 变更人数核收一次手续费
    C. 变更人数核收手续费　　　　　D. 分乘人数核收手续费

19. 遇列车严重超员时,不能办理(　　)。
    A. 越站　　B. 分乘　　C. 变更　　D. 变径

20. 乘坐卧铺的旅客买的是给中途站预留的卧铺,不能办理(　　)。
    A. 分乘　　B. 越站　　C. 变更　　D. 变径

21. 乘车里程为 2603km 的车票有效期为(　　)日。
    A. 6　　　　B. 7　　　　C. 8　　　　D. 4

22. 一持有定期票的旅客,在乘车途中客票有效期终了,( )。
   A. 自有效期终了站的最近停车站起,另行补票
   B. 可按有效使用至到站
   C. 自有效期终了站起,另行补票,核收手续费
   D. 自有效期终了站起,另行补票

23. 失主来领遗失物品时,应查验( )。
   A. 工作证   B. 单位证明   C. 身份证   D. 户口簿

24. 对旅客的遗失物品不能判明失主下车站时,( )。
   A. 移交前方停车站   B. 移交列车始发站
   C. 移交列车终到站   D. 移交后方停车站

25. 为方便旅行生活,旅客可携带不超过( )mL 的酒精乘车。
   A. 20   B. 100   C. 500   D. 600

26. 对不符合乘车条件的旅客,站、车经了解原因,( ),应按规定补票,还必须加收已乘区间应补票价50%的票款,并核收手续费。
   A. 对持站台票送客,上车未及时下车的
   B. 对确因时间来不及而未买票的
   C. 对有意不履行义务的
   D. 对无意不买票的

27. 旅客要求办理分乘,应按( )核收手续费。
   A. 1%   B. 2%   C. 分票人数   D. 分票张数

28. 旅客遗失物品向查找站转送时,物品重量超过5kg时,到站按( )补收运费。
   A. 四类包裹   B. 二类包裹   C. 三类包裹   D. 品类

29. 对不可分拆的整件超重、超大物品、动物,按该件全部重量补收上车站至下车站( )类包裹运费。
   A. 二   B. 四   C. 一   D. 三

30. 遗失物品中的危险品、国家禁止或限制运输的物品、机要文件应立即移交公安机关或有关部门处理,( )。
   A. 不办理转送   B. 交车站转送
   C. 开具客运记录   D. 向有关部门发电报

31. 旅客的遗失物品,如旅客已下车,应编制客运记录,注明( )、件数等移交下车站。
   A. 品名   B. 名称   C. 物品   D. 重量

32. 旅客携带的( ),不得带入车内。
   A. 水果   B. 动物   C. 蔬菜   D. 初生雏

33. 旅客携带的初生雏( )只,可带入车内。
   A. 10   B. 15   C. 20   D. 25

34. 持站台票上车送客未下车但及时声明时,( )。
   A. 按无票处理
   B. 只补收至前方停车站的票款,核收手续费
   C. 只补收至前方停车站的票价
   D. 补收自乘车站起至到站止车票票价,核收手续费

39

35. 旅客未按票面指定的日期、车次乘车,超过2h( )。
   A. 换发代用票　　　　　　　　B. 补剪、补签,只核收手续费
   C. 编制客运记录　　　　　　　D. 均按失效处理

36. 旅客将宠物小狗带入车内,小狗伤害其他旅客,由( )负责。
   A. 列车员　　B. 携带者　　C. 承运人　　D. 工作人员

37. 对携带品超重不足( )kg时,应免收运费。
   A. 3　　B. 5　　C. 7　　D. 9

38. 对违章携带的物品补收运费时,一律填写( )收据,注明日期、发到站、车次、事由、件数、重量。
   A. 代用票　　　　　　　　　　B. 客运记录
   C. 客运运价杂费　　　　　　　D. 行李、包裹交接

39. 发生车票误售、误购时,在发站应换发( )。
   A. 代用票　　B. 新票　　C. 计算机票　　D. 区段票

40. 对已带入车内的猫、狗、猴等宠物,应安排在列车( )由旅客自己照看。
   A. 座位下　　B. 洗脸间　　C. 通过台　　D. 行李架上

41. 对旅客遗失物品中的鲜活易腐品和食品,( )保管和转运。
   A. 不负责　　B. 不办理　　C. 应负责　　D. 要妥善

42. 在车内或下车站,对超过免费重量的物品,其超重部分应补收( )类包裹运费。
   A. 四　　B. 三　　C. 二　　D. 一

43. 旅客携带品超重时,超重的物品价值低于运费时,可按物品价值的( )核收运费。
   A. 20%　　B. 30%　　C. 40%　　D. 50%

44. 外交人员免费携带品的重量是( )kg。
   A. 30　　B. 35　　C. 40　　D. 50

45. 除儿童、外交人员外,旅客每人免费携带品的重量是( )kg。
   A. 20　　B. 25　　C. 30　　D. 35

46. 免费携带品的体积,每种物品的外部尺寸长、宽、高之和不超过( )cm。
   A. 210　　B. 200　　C. 180　　D. 160

47. 免费携带的杆状物品长度不超过( )cm。
   A. 160　　B. 180　　C. 200　　D. 230

48. 旅客在列车上丢失车票,应自( )站起补收票价,核收手续费。
   A. 前方　　B. 后方　　C. 丢失　　D. 始发

49. 旅客补票后又找到原票时,列车长应( )交旅客,作为在到站出站前向到站要求退还后补票价的依据。
   A. 出具证明　　　　　　　　　B. 编制客运记录
   C. 在代用票背面签字证明　　　D. 在原票、代用票背面加盖名章

50. 对无票乘车而拒绝补票的人,( )可责令其下车,并编制客运记录交县、市所在地或三等以上站处理。
   A. 乘警长　　B. 值班员　　C. 列车长　　D. 列车员

51. 没收危险品时,应向被没收人( )。
   A. 编制客运记录　　　　　　　B. 出具书面证明

C. 宣传、交站处理　　　　　　D. 按品名、交前方站处理

52. 在列车上,旅客因病不能继续旅行时,列车长应编制客运记录交中途医疗条件的停车站,同行人(　　)。
　　A. 不能办理　　B. 同样办理　　C. 另行办理　　D. 另行安排

53. 儿童(含免费儿童)免费携带品的重量是(　　)kg。
　　A. 10　　　　B. 15　　　　C. 20　　　　D. 25

54. 车站组织旅客出站时,发现一旅客携带旅行包一个重18kg(内有汽油1瓶重2kg),到站应(　　)。
　　A. 补收乘车站至下车站20kg四类包裹运费
　　B. 补收乘车站至下车站5kg四类包裹运费
　　C. 加倍补收乘车站至下车站18kg四类包裹运费
　　D. 加倍补收乘车站至下车站2kg四类包裹运费

55. 为方便旅行生活,旅客可携带不超过(　　)mL的摩丝发胶乘车。
　　A. 20　　　　B. 100　　　　C. 500　　　　D. 600

56. 为方便旅行生活,旅客可携带(　　)乘车。
　　A. 气体打火机10个,火柴20盒　　B. 刚出生的小蛇230条
　　C. 初生雏30只　　　　　　　　　D. 不超过100mL的酒精

57. 列车发现旅客携带能够污染车辆的物品,应按(　　)。
　　A. 该件全部重量加倍补收乘车站至下车站四类包裹运费
　　B. 该件全部重量补收乘车站至下车站四类包裹运费
　　C. 该件全部重量加倍补收乘车站至下车站三类包裹运费
　　D. 该件全部重量补收乘车站至下车站四类包裹运费

58. 因列车满员列车停车运行,旅客不能按原日期、车次乘车,如旅客托运了行李时,车站应在行李票上签注(　　),作为计算免费保管日数的凭证。
　　A. 因××延长有效期×日　　　　B. 改乘×月×日××车次
　　C. 因××改乘×月×日××车次　D. 因××停留×天

59. 如旅客超重、超大物品的价值低于运费时,可按(　　)核收运费。
　　A. 运费的50%　　　　　　　　B. 物品价值的50%
　　C. 物品价格的40%　　　　　　D. 物品实际价格

60. 旅客遗失物品在(　　)kg以内的免费转送。
　　A. 5　　　　B. 10　　　　C. 15　　　　D. 20

61. 遗失物品需通过铁路向失主所在站转送,物品超过规定重量时,到站按(　　)补收运费。
　　A. 三类包裹　　B. 四类包裹　　C. 行李　　　　D. 品类

62. 无法交付的物品,通告(　　)天以后仍无人领取时,应报上一级主管部门批准后予以变卖。
　　A. 90　　　　B. 60　　　　C. 30　　　　D. 180

63. 旅客因病,在客票有效期内,出具医疗单位证明,可按医疗日数延长有效期,但最多不超过(　　)天。
　　A. 5　　　　B. 8　　　　C. 10　　　　D. 15

64. 旅客办理改晚乘车签证手续时,最迟不超过( )。
   A. 开车前 2h   B. 开车后 1h   C. 开车前 1h   D. 开车后 2h

65. 北京西—昆明的乘车里程为 3183km,通票有效期是( )天。
   A. 5   B. 6   C. 7   D. 8

66. 无法交付中的( )不交有关部门处理。
   A. 机要文件   B. 贵重品   C. 枪支   D. 尖端保密产品

67. 对无法交付物品变卖所得的剩余款额,旅客、托运人、收货人在( )天以内来领取时,承运人按规定办理退款手续。
   A. 90   B. 180   C. 360   D. 60

68. 持学生票要求报销时,应( ),核收手续费。
   A. 补收全价票价与学生减价票价差额
   B. 另行补收上车站至下车站票价
   C. 补收全价票价与学生减价票价差额并加收应补票价 50% 的票款
   D. 加倍补收全价票价与学生减价票价差额

69. 在到站发现在货件中夹带危险品时,( )。
   A. 加倍补收三类包裹运费   B. 加倍补收全程四类包裹运费
   C. 按实际品名补收全程运费   D. 补收全程四类包裹运费

70. 非计算机售票的车站,发售优惠团体票时,一律( )。
   A. 发售常备客票   B. 发售区段票
   C. 填写代用票   D. 填写"客杂"

71. 旅客在车站和列车内可要求变更一次径路,但须在( )方可办理。
   A. 客票有效期内   B. 客票有效期内能够到达到站时
   C. 不延长客票有效期时   D. 列车有能力时

72. 发生车票误售、误购时,在( ),承运人应为旅客办理换发新票手续。
   A. 发站   B. 中途站   C. 原票到站   D. 列车内

73. 一名旅客(同行 3 人)持有效硬座普快卧车票在中途站突发疾病,列车移交车站后,旅客要求退票,中途站最多可退还( )名旅客的票价。
   A. 1   B. 2   C. 3   D. 4

74. 旅客因误售、误购、误乘或坐过了站需送回时,车站应在车票背面注明"( )",并加盖站名戳。
   A. 误售   B. 误购   C. 误乘   D. 坐过了站

75. 因误售、误购或误乘,在免费返回区间,旅客不得中途下车,如中途下车,( )。
   A. 按无票处理
   B. 对往返乘车的免费区间,按返程所乘列车等级分别核收往返区间的票价,核收手续费
   C. 加倍补收往返区间的票价
   D. 按变径处理

76. 旅客持硬座客快票要求同时办理变更软卧和径路时,办理顺序为( )。
   A. 先变座,再变径   B. 先变径,再变座补卧
   C. 先变座补卧,再变径   D. 先变径,再补卧

77. 持有学生票的学生要求变径时,(   )。
    A. 持原票乘车有效
    B. 核收新、旧径路票价差额和手续费
    C. 核收新径路全价票价与旧径路学生半价票价差额和手续费
    D. 核收新径路票价和手续费

78. "客杂"丙页(   )。
    A. 上报   B. 留站存查   C. 给付款人   D. 报销

79. 旅客因病而延长客票有效期时,卧铺票可办理(   )手续。
    A. 延长   B. 改签   C. 退票   D. 变铺

80. 旅客在发站办理改签时,改签后的车次票价低于原票价时,(   )。
    A. 不予办理   B. 退还票价差额
    C. 不退还票价差额   D. 给予办理,但票价差额部分不予退还

81. 铁路将误乘旅客免费送回时,在免费送回区间,旅客(   )。
    A. 可中途下车,车票即行失效
    B. 可中途下车,卧铺票即行失效
    C. 可中途下车,并在客票有效期内恢复旅行
    D. 不得中途下车

82. 由于误售,旅客在通票有效期内不能到达到站时,应根据(   )的里程,重新计算通票有效期。
    A. 发站至正当到站间   B. 折返站至正当到站间
    C. 分歧站至正当到站间   D. 发现站至正当到站间

83. 旅客因误售、误购车票应退还票价时,凭(   )至到站退款。
    A. 换发的代用票和客运记录   B. 换发的代用票和原票
    C. 换发的代用票、原票和客运记录 D. 原票和客运记录

84. 旅客违章携带超重、超大物品且价值低于运费时,可按物品价值的(   )核收运费。
    A. 20%   B. 30%   C. 40%   D. 50%

85. 车站组织旅客出站时,发现一旅客携带旅行包1只重23kg(内有汽油1瓶重3kg),到站应(   )。
    A. 补收乘车站至下车站20kg 四类包裹运费
    B. 补收乘车站至下车站5kg 四类包裹运费
    C. 加倍补收乘车站至下车站23kg 四类包裹运费
    D. 加倍补收乘车站至下车站3kg 四类包裹运费

86. 旅客携带动物乘车,到站发现应按该件全部重量补收(   )四类包裹运费。
    A. 始发站至下车站   B. 上车站至列车终到站
    C. 上车站至下车站   D. 发现站至下车站

87. 无法交付物品是指(   )。
    A. 无主的行李、包裹
    B. 无人领取的暂存物品
    C. 旅客遗失物品
    D. 无主的行李、包裹,旅客的遗失物品和无人领取的暂存物品

88. 在客票有效期内,旅客因病提出医疗单位证明或经车站证实时,可按实际医疗日数延长,但最多不得超过( )天。
   A. 5   B. 8   C. 10   D. 15

89. 验票原则上每( )km 一次。
   A. 200   B. 300   C. 400   D. 600

90. 属于有意取巧、不履行义务的违章乘车,除按规定补收票价、核收手续费外,还必须加收应补票价( )的票款。
   A. 40%   B. 50%   C. 80%   D. 100%

91. 旅客携带品的外部尺寸,每件长、宽、高相加之和不得超过( )cm。
   A. 120   B. 140   C. 160   D. 180

92. 变径后未使用区段的( )即行失效。
   A. 客票   B. 空调票   C. 卧铺票   D. 加快票

93. 变径同时变座时,( )。
   A. 先变座后变径   B. 先变径后变座
   C. 先变哪项都可以   D. 不能同时变更

94. ( )可以办理越站乘车。
   A. 在列车严重超员的情况下
   B. 乘坐卧铺的旅客买的是给中途站预留的卧铺时
   C. 列车有能力时
   D. 乘坐的是回转车,途中需要甩车时

95. 越站同时变座(变铺)时,( )。
   A. 先越站后变座(变铺)   B. 先变座(变铺)后越站
   C. 先变哪项都可以   D. 不能同时变更

96. 越站同时变径时,( )。
   A. 先变径后越站   B. 先越站后变径
   C. 先变哪项都可以   D. 不能同时变更

97. 越站同时补卧时,( )。
   A. 先越站后补卧   B. 先补卧后越站
   C. 先变哪项都可以   D. 不能同时变更

98. 分乘同时变座时,( )。
   A. 先分乘后变座   B. 先变座后分乘
   C. 先变哪项都可以   D. 不能同时变更

99. 分乘同时变径时,( )。
   A. 先分乘后变径   B. 先变径后分乘
   C. 先变哪项都可以   D. 不能同时变更

100. 分乘同时越站时,( )。
   A. 先分乘后越站   B. 先越站后分乘
   C. 先变哪项都可以   D. 不能同时变更

101. 儿童(包括免费儿童)免费携带品的重量是( )kg。
   A. 35   B. 30   C. 20   D. 10

102. 旅客携带不可分拆的整件超重、超大物品以及动物都应按该件全部重量补收（　　）类包裹运费。

　　A. 一　　　　B. 二　　　　C. 三　　　　D. 四

103. 客运记录是指在旅客或行李、包裹运输过程中因特殊情况，（　　）之间需要记载某种事项或车站与列车办理业务交接的文字凭证。

　　A. 承运人与旅客　　　　　　B. 承运人与托运人

　　C. 承运人与收货人　　　　　D. 承运人与旅客、托运人、收货人

104. 在旅客下车站发现旅客携带品超过规定免费重量的，应（　　）。

　　A. 从乘坐列车的始发站至终到站补收四类包裹运费

　　B. 对其超重部分按四类包裹补收乘车站至下车站的运费

　　C. 按该件全部重量加倍补收乘车站至下车站四类包裹运费

　　D. 从乘坐列车的始发站至终到站对其超重部分补收四类包裹运费

105. 遗失物品中，（　　）不办理转送。

　　A. 电视机　　　B. 衣物　　　C. 食品　　　D. 书籍

106. 遗失物品中，（　　）应办理转送。

　　A. 机要文件　　B. 油漆　　　C. 枪支　　　D. 照相机

107. 因误售误购车票误运行李时，应补收或退还（　　）。

　　A. 已收运费与发站至正当到站行李运费差额

　　B. 已收运费与实际运送区间里程通算行李运费差额

　　C. 已收运费与实际运送区间里程分算行李运费差额

　　D. 已收运费与行李所在站至到站行李运费差额

108. 因（　　），使旅客在规定的有效期内不能到达到站时，车站不能延长车票有效期。

　　A. 列车满员　　B. 列车晚点　　C. 列车停运　　D. 旅客临时工作需要

109. 因铁路责任延长车票有效期时，延长的日数从（　　）起计算。

　　A. 列车到达到站之日　　　　B. 客票有效期终了之日

　　C. 客票有效期终了次日　　　D. 客票有效期终了第三日

110. 动车组列车车票（　　）。

　　A. 只办理改签，不办理有效期延长

　　B. 既办理改签，也办理有效期延长

　　C. 既不办理改签，也不办理有效期延长

　　D. 不办理改签，办理有效期延长

111. 旅客在乘车途中客票有效期终了，要求继续乘车时，应自（　　）起，另行补票，核收手续费。

　　A. 有效期终了站或最近前方停车站　B. 有效期终了站或最近后方停车站

　　C. 有效期终了站　　　　　　　　　D. 最近前方或后方停车站

112. 对不符合乘车条件的旅客，站、车经了解原因，（　　），应按规定补票，还必须加收应补收票价50%的票款，并核收手续费。

　　A. 对持站台票送客，上车未及时下车的

　　B. 对确因时间来不及而未买票的

　　C. 对无票乘车的

D. 对应买票而未买票的儿童

113. 对不符合乘车条件的旅客,站、车经了解原因,(　　),应按规定补票,还必须加收应补收票价50%的票款,并核收手续费。

　　A. 对持站台票送客,上车未及时下车的
　　B. 对确因时间来不及而未买票的
　　C. 对持用伪造或涂改的车票乘车的
　　D. 对无意不买票的

114. 对不符合乘车条件的旅客,站、车经了解原因,(　　),应按规定补票,并核收手续费。

　　A. 对持站台票送客,上车未及时下车的
　　B. 对无票乘车的
　　C. 对持用低等级车票乘坐高等级列车的
　　D. 对持用伪造或涂改的车票乘车的

115. 对不符合乘车条件的旅客,站、车经了解原因,(　　),应按规定补票,并核收手续费。

　　A. 对持用低等级车票乘坐高等级列车的
　　B. 对持半价票没有规定的减价凭证的
　　C. 对应买而未买儿童票的儿童
　　D. 对持用伪造或涂改的车票乘车的

116. 对无票乘车的旅客,除应补收自乘车站起至到站止车票票价外,还须(　　)。

　　A. 加收应补收票价50%的票款
　　B. 加收应补收票价50%的票款,并核收手续费
　　C. 加倍补收应补收票价50%的票款
　　D. 加倍补收应补收票价50%的票款,并核收手续费

117. 对持用低等级车票乘坐高等级列车、铺位、座席的,除应补收所乘区间的票价差额外,还须(　　)。

　　A. 加收应补收票价50%的票款
　　B. 加倍补收应补收票价50%的票款
　　C. 加收应补收票价50%的票款,并核收手续费
　　D. 加倍补收应补收票价50%的票款,并核收手续费

118. 对确因时间仓促来不及买票的旅客,经车站发给补票证或特殊情况经列车同意上车补票的,(　　)。

　　A. 补收应补票价,核收手续费
　　B. 补收应补票价,加收应补收票价50%的票款,核收手续费
　　C. 加倍补收应补票价
　　D. 加倍补收应补票价,加收应补票价50%的票款,并核收手续费

119. 持站台票上车并在开车20min仍未声明的,按无票处理,(　　)。

　　A. 补收应补票价,核收手续费
　　B. 补收应补票价,加收应补收票价50%的票款,核收手续费
　　C. 加倍补收应补票价,核收手续费

D. 加倍补收应补收票价,加收应补票价 50% 的票款,并核收手续费

120. 旅客未按票面指定的日期、车次乘车,但乘坐票价相同的列车时,列车换发代用票(卧铺失效),超过( )h 均按失效处理。

  A. 1   B. 2   C. 3   D. 4

121. 变径后未乘区间( )即行失效。

  A. 车票   B. 空调票   C. 卧铺票   D. 加快票

122. ( )可以带进站和列车内。

  A. 国家禁止限制运输的物品   B. 动物及妨碍公共卫生的物品

  C. 能够损坏或污染车辆的物品   D. 空气清新剂

123. ( )不准带进站和列车内。

  A. 气体打火机   B. 动物   C. 发胶   D. 空气清新剂

124. ( )不准带进站和列车内。

  A. 安全火柴   B. 超重、超大物品

  C. 初生雏   D. 酒精

125. 一持有定期票的旅客,在乘车途中客票有效期终了,( )。

  A. 自有效期终了站的最近停车站起,另行补票

  B. 可按有效使用至到站

  C. 自有效期终了站起,另行补票,核收手续费

  D. 自有效期终了站起,另行补票

126. 北京—吴桥的运价里程为 355km,通票有效期是( )天。

  A. 2   B. 6   C. 7   D. 8

127. 在列车上发现一名超过 1.5m 的儿童持儿童票乘车,( )。

  A. 应加倍补收全价与减价票价的差额,核收手续费

  B. 家长前来说情,可不予追究

  C. 应补收儿童票价与全价票的差额,核收手续

  D. 应另收一张儿童票,核收手续费

三、问答题

1. 车票有效期的规定有哪些?

2. 遇有哪些情况可延长通票的有效期?

3. 旅客乘车的基本条件有哪些?

4. 什么是改签?改签车票应如何办理?

5. 因承运人责任使旅客不能按票面记载的日期、车次、座别、铺别乘车时,站、车应如何安排?

6. 如何办理变径?

7. 什么是越站乘车?哪些情况不能办理越站乘车?

8.越站的处理方法有哪些？

9.什么是旅客分乘？旅客分乘的处理方法有哪些？

10.误售、误购对车票的处理方法有哪些？

11.误售、误购或误乘对旅客是怎样安排的？

12.旅客丢失车票应如何处理？

13.不符合乘车条件的应如何处理？

14. 对无票乘车而又拒绝补票的人,应如何处理?

15. 对违反国家法律、法规,在站内、列车内寻衅滋事、扰乱公共秩序的人,应如何处理?

16. 免费携带品的重量和体积各是多少?

17. 哪些物品禁止带进站、带上车?

18. 限量携带的物品有哪些?

19. 旅客违章携带物品应如何处理?

20. 旅客遗失物品应如何处理?

21. 什么是客运记录？客运记录的填写规定有哪些？

22. 哪些情况列车需要填写客运记录？

23. 简述高铁动车组列车防止旅客过站应急处置预案。

24. 列车发现麻风、霍乱、鼠疫患者(或称嫌疑)乘车时应如何处理?

四、综合题

1. 2015年3月2日,在K667次(福州—沈阳北,新型空调列车)上,锦州到站前验票发现一旅客持山海关至锦州2261次(天津—乌兰浩特,新型空调列车)硬座普快车票,请问列车长应如何处理?

2.2015年3月2日,汉口开往乌鲁木齐的T192/T193次新型空调特快旅客列车,在哈密到站前验票发现一旅客持当日商丘经郑州到兰州的硬座客快票,票号A023237,请问哈密站应如何处理?

3.2015年3月2日,2624次新型空调旅客列车(满洲里—大连)长春站开车后,一旅客持当日满洲里至昌图本次列车的硬座客快车票,票号A020122,要求自长春开始使用软卧下铺并越站至大连。假设有空余软卧,列车同意办理,请问列车应如何处理?

4. 2015年3月2日,1461次(北京—上海,新空调车)旅客列车,到达上海站出站时发现一成人旅客携带一名1.40m的儿童持北京至上海的硬座客快车票两张(其中一张为半价票),携带重10.2kg的箱子一个,长宽高之和200mm,电视一台重21.5kg,背包一件重10kg(内装有重1.5kg的鞭炮2000响),请问上海站应如何处理?

5. 2015年3月2日,K263次(北京—包头,空调快速)列车到达包头站,出站收票时发现一旅客无车票,查询时该旅客出具了集宁南站站台票,请问包头站应如何处理?

6. 2015年3月2日,K149次(上海南—湛江,空调快速)株洲站开车后,一伤残军人持本人"中华人民共和国伤残军人证"要求补一张软座客快速卧(下)至湛江,请问列车应如何处理?注:有空余卧铺。

7. 2015年3月2日,一旅客在石家庄站购买K233次(石家庄—上海,空调快速)列车到上海站硬座客快速卧(下)票价,携带1.2m儿童一名共用一张卧铺,石家庄站应如何发售?

8. 2015年3月2日,北安—牡丹江 K7111 次列车到达帽儿山后,车站工作人员在收票时发现一旅客持哈尔滨医学院的有效学生证(优待区间哈尔滨—牡丹江)无票,车站应如何处理?

项目三 行李、包裹运输

一、判断题(对的打"√",错的打"×")

1. 行李中能夹带工作证、户口簿。   (   )
2. 活蛇可以按包裹运输。   (   )
3. 泡沫塑料属于三类包裹。   (   )
4. 带运包裹是指旅客将按包裹办理的贵重品、重要文件、尖端保密产品带入包房,自行看管和装卸的物品。   (   )
5. 尸体可以按包裹运输。   (   )
6. 旅客在乘车区间内凭有效客票每张可托运一次行李,残疾人车不限次数。   (   )
7. 包裹是指适合在旅客列车行李车内运输的小件货物。   (   )
8. 警犬不能按包裹运输。   (   )
9. 蛇不能按包裹托运。   (   )
10. 行李中可以夹带货币。   (   )
11. 鲜蛋按三类包裹运输。   (   )
12. 旅客运输的主要服务对象是旅客,其次是行李、包裹、邮件。   (   )
13. 大学生课本属一类包裹。   (   )
14. 熏肉按二类包裹办理。   (   )
15. 骨灰可以按包裹运输。   (   )
16. 档案材料可以夹带在行李中运输。   (   )
17. 行李运输属于旅客运输部分,所以行李的递远递减率与旅客票价递远递减率相同。
                                                                              (   )
18. 行李运价里程,按实际运送径路计算。但旅客持远径路的客票,要求行李由近径路运送时,如近径路有直达列车,也可以按近径路计算。   (   )
19. 包裹运价里程,按最短径路计算,有指定径路时,按指定径路计算。   (   )
20. 行李包裹的起码计费重量为5kg,超过5kg时,不足1kg的进为1kg。   (   )
21. 按包裹运输的小家畜每头按50kg计价。   (   )
22. 旅客托运的行李在50kg以内,按行李运价计算,超过50kg时(行李中有残疾人用车时为75kg),对超过部分按行李运价计算。   (   )
23. 超过车票终到站以远的行李应分别按行李、包裹计费径路计算。   (   )
24. 新闻图片和书刊混装为一件应按二类包裹运输。   (   )
25. 按保价运输的行李、包裹,声明价格必须与实际价格相符,可分件声明,也可声明总价格。   (   )
26. 按保价运输的行李、包裹,声明价格时可以声明一批中的一部分。   (   )

27. 包车时行李车运价按车辆标记载重核收行李或包裹运费。（　　）
28. 凭政府机关证明托运的抢险救灾物资按一类包裹运输。（　　）
29. 报纸按一类包裹运输。（　　）
30. 中小学生的教学参考书按一类包裹运输。（　　）
31. 酸奶按三类包裹运输。（　　）
32. 包车时用棚车代用行李车，按行李或包裹的实际重量核收行李或包裹运费，起码计费重量按标记载重的1/3计算。（　　）
33. 干果、奶粉按二类包裹办理。（　　）
34. 干豆腐按三类包裹办理。（　　）
35. 全国政协工作用书按二类包裹运输。（　　）
36. 带运包裹的重量每个包房不得超过200kg。（　　）
37. 租用车利用承运人动力在国家铁路的旅客列车或货物列车中挂运时，重行李车按标记载重及所装行李或包裹品类运费的80%核收。（　　）
38. 猛兽可以按包裹运输。（　　）
39. 行李包裹变更手续费：装车前4元/票次。（　　）
40. 行李包裹变更手续费：装车后5元/票次。（　　）
41. 鲜百合按三类包裹办理。（　　）
42. 行李保价费按声明价格的0.5%计算。（　　）
43. 鲜蛋按三类包裹办理。（　　）
44. 按包裹托运警犬时，应提出公安部门的书面证明。（　　）
45. 按包裹托运国家法律保护的野生动物，应提出国家林业主管部门的运输证明。（　　）
46. 熟肉按二类包裹办理。（　　）
47. 行李每件最大重量不超过40kg。（　　）
48. 包裹每件最小体积不能小于$0.02m^3$。（　　）
49. 土豆可以按二类包裹办理。（　　）
50. 奶酪按三类包裹办理。（　　）
51. 政宣品按二类包裹运输。（　　）
52. 行李必须凭客票办理托运。（　　）
53. 灵柩可以按包裹托运。（　　）
54. 原票已托运行李的，在改签后的车票背面注明"原票已托运行李"字样，并加盖站名戳。（　　）
55. 有价证券可以夹带在行李中运输。（　　）
56. 办理行李及包裹运输，托运人与承运人之间必须签署运输合同。（　　）
57. 铁路行李、包裹运输合同是指承运人与托运人、收货人之间明确行李、包裹运输权利、义务关系的协议。（　　）
58. 行李运输合同的基本凭证是行李票。（　　）
59. 自发刊起5天以内的报纸按一类包裹运输。（　　）
60. 中央、省级政府（含国务院各部委和解放军大军区）宣传用非卖品以及新闻图片按一类包裹运输。（　　）

61. 中、小学生的教学课本,不含各种参考书及辅导读物可按一类包裹运输。（ ）
62. 全国政协工作用书不在一类包裹运输范围之内。（ ）
63. 抢险救灾物资,凭政府机关证明办理托运可按二类包裹运输。（ ）
64. 国家规定的统一书刊号的各种刊物、著作、工具书册以及内部发行的规章按二类包裹运输。（ ）
65. 泡沫塑料及其制品按四类包裹运输。（ ）
66. 快运包裹每件最大重量一般不超过 50kg,超过时按超重快运包裹办理。（ ）
67. 一头重 22kg 的猪可按包裹运输。（ ）
68. 老虎可按包裹托运。（ ）
69. 每头超过 20kg 的活动物可按包裹托运。（ ）
70. 一段按行李,一段按包裹托运时,全程按包裹核收保价费。（ ）
71. 一段按行李,一段按包裹托运时,全程按行李核收保价费。（ ）
72. 按保价运输的行李、包裹,发生运输变更时,保价费不补不退。（ ）
73. 车站在办理延长有效期手续时,如因铁路责任,应在行李票上签注"因××原因改乘×月×日××车次",加盖站名戳,作为到站提取行李时,计算免费保管日数的凭证。（ ）
74. 按包裹托运珠宝,可不派人押运。（ ）
75. 运价里程 578km 的行李运到期限为 4 天。（ ）
76. 行李运价率为硬座客票票价率的 1%。（ ）
77. 包裹运价率是以三类包裹运价率为基础,其他各类包裹按该类包裹的运价率加成或减成的比例确定。（ ）
78. 按保价运输的包裹核收保价费,包裹保价费按声明价格的 1% 计算。（ ）
79. 旅客凭客票托运的行李在 60kg 以内,按行李运价计算,对超过部分按行李运价加倍计算。（ ）
80. 一伤残旅客按行李托运 1 辆残疾人用车,重 15kg,其计费重量是 25kg。（ ）
81. 行李每件的最大重量为 50kg。（ ）
82. 行李体积以适于装入行李车为限,但最小不小于 0.01m^3。（ ）
83. 包裹运价里程 402km 运到期限 3 天。（ ）
84. 已发刊 10 日后的足球报属一类包裹。（ ）
85. 鲜蔬菜属于二类包裹。（ ）
86. 包裹每件的最大重量为 50kg。（ ）
87. 25kg 的猪不能按包裹运输。（ ）
88. 托运需喂食的鸡必须派人押运。（ ）
89. 铁路对自行车的规定计价重量为 30kg。（ ）
90. 铁路对自行车的规定计价重量为 25kg。（ ）
91. 行李、包裹的运到期限以运价里程计算。（ ）
92. 运价里程为 504km 的行李运到期限为 3 日。（ ）
93. 运价里程为 300km 的包裹运到期限为 3 日。（ ）
94. 运价里程为 2605km 的行李运到期限为 5 日。（ ）
95. 运价里程为 2609km 的包裹运到期限为 9 日。（ ）
96. 行包组织工作应本着先行李后包裹,先中转后始发和长短途列车分工的原则,有计划

地组织运输。 （ ）
  97. 列车发现不打印票号的行李、包裹,应交前方站处理。 （ ）
  98. 书刊不属于行李的范围。 （ ）
  99. 送给灾区人民衣物按二类包裹办理。 （ ）
  100. 一级运输包装的放射性同位素按三类包裹办理。 （ ）
  101. 快运包裹运输合同的基本凭证是中国铁路小件货物快运运单和中铁快运托运单。 （ ）
  102. 国家禁止运输的物品不得夹带在行李中。 （ ）
  103. 国家限制运输的物品不得夹带在行李中。 （ ）
  104. 具有放射性的物品不得夹带在行李中。 （ ）
  105. 咸蛋按二类包裹办理。 （ ）
  106. 珍贵文物不得夹带在行李中。 （ ）
  107. 快运包裹外部尺寸长宽高之和不得小于 0.6m。 （ ）
  108. 快运包裹外部的最大尺寸应不超过长 3m、宽 1.5m、高 1.8m,超过时应先与中转机构或到达机构协商,同意后方能办理。 （ ）
  109. 快运包裹每件最大重量一般不得超过 50kg,超过时按超重快运包裹办理。 （ ）
  110. 骨灰可以按包裹托运。 （ ）
  111. 尸体不可以按包裹托运。 （ ）
  112. 骨灰不可以按包裹托运。 （ ）
  113. 灵柩不可以按包裹托运。 （ ）
  114. 蛇不可以按包裹托运。 （ ）
  115. 托运警犬不需证明。 （ ）
  116. 按包裹托运金银珠宝应提供中国人民银行的正式文件或当地铁路公安局、公安处的免检证明。 （ ）
  117. 按包裹托运货币证券应提供中国人民银行的正式文件或当地铁路公安局、公安处的免检证明。 （ ）
  118. 按包裹托运动植物时,应提出动植物检疫证明。办理时,将检疫证明的二联附在运输报单上以便运输过程中查验。 （ ）
  119. 对于运输距离在 200km 以内的不需要饲养的家禽按包裹运输时托运人提出不派人押运时可以按包裹办理托运。 （ ）
  120. 按包裹托运免检物品时可以不派人押运。 （ ）
  121. 押运的包裹应装行李车,由押运人自行看管,车站负责装车和卸车。 （ ）
  122. 押运人应购买车票并对所押物品安全负责。 （ ）
  123. 一批包裹原则上限派一名押运人。 （ ）
  124. 押运人凭"铁路包裹运输押运证"和旅客列车全价硬座车票登乘行李车押运,押运证由托运人向承运行包房申请办理。 （ ）
  125. 运价里程 1234km 的包裹运到期限为 5 天。 （ ）
  126. 由于不可抗拒的力量,所发生的停留时间,应加算在行李包裹的运到期限内。 （ ）
  127. 对每立方米重量不足 167kg 的轻泡货物,小件货物快运运单内应填写体积。 （ ）

128. 对每立方米重量不足 157kg 的轻泡货物,小件货物快运运单内应填写体积。（   ）
129. 由于非铁路责任所发生的停留时间,应加算在行李包裹的运到期限内。（   ）
130. 一段按行李、一段按包裹计价时全程按行李计算运到期限。（   ）
131. 押运人严禁在行李车内吸烟。（   ）
132. 托运一级运输包装的放射性同位素,每件重量不得超过 50kg。（   ）
133. 运价里程 2012km 的行李运到期限为 5 天。（   ）
134. 行李、包裹的实际运到日数超过规定的运到期限时,到站应按所收运费最高不超过 30% 向旅客或收货人支付运到逾期违约金。（   ）
135. 行李票戊页为褐色。（   ）
136. 行李票丁页为红色。（   ）
137. 行李票丙页为绿色。（   ）
138. 行李票乙页为黑色。（   ）
139. 行李票甲页为红色。（   ）
140. 行李票戊页为存查页。（   ）
141. 行李票丁页为报销页。（   ）
142. 行李票丙页为旅客页。（   ）
143. 行李票乙页为上报页。（   ）
144. 食用动物的五脏能按包裹托运。（   ）
145. 快运包裹外部尺寸长、宽、高之和不得小于 0.8m。（   ）
146. 行李中可以夹带小说。（   ）
147. 学生课本不属于行李的范围。（   ）
148. 行李、包裹变更运输,原到站的保管费核收天数自行李、包裹到达日起至收到电报日止计算。（   ）
149. 行李逾期尚未到达旅客需继续旅行,要求铁路将行李免费运至新到站,凭原行李票及新购车票办理托运。（   ）
150. 承运凭书面证明免费托运的铁路砝码和衡器配件时,应在包裹票记事栏内注明衡器检修、免费字样。（   ）
151. 承运加冰、加水的物品或途中喂养动物的饲料应单独检斤,作为到站因此产生减量或重量消失的依据。（   ）
152. 行包运输中对伪报一般品名的,在发站重新办理手续,补收已收运费与正当运费的差额。（   ）
153. 行包运输中对伪报一般品名的,在到站加收应收运费与已收运费差额两倍的运费。（   ）
154. 车站、经营人对无法交付物品,保管 60 天无人领取时,应进行公告。（   ）
155. 车站、经营人对无法交付物品,保管 90 天无人领取时,应进行公告。（   ）
156. 将国家禁止运输的物品伪报其他品名托运时,在发站发现,停止装运,通知托运人领取,全部件数物品的运费不退。（   ）
157. 将国家禁止运输的物品伪报其他品名托运时,在中途站发现,停止运送,发电报通知发站转告托运人领取,运费不退,并对品名不符货件按实际运送区间另行补收四类包裹运费及按日核收保管费。（   ）

158. 将国家禁止运输的物品伪报其他品名托运时,在到站发现时,另行补收品名不符货件实际运送期间的四类包裹运费及按日核收保管费。   (   )
159. 押运员可以在列车内吸烟。   (   )
160. 枪支弹药无法交付时,应及时交有关部门处理。   (   )
161. 机要文件无法交付时,应及时交有关部门处理。   (   )
162. 伪报品名托运时,在到站发现时,另行补收品名不符货件实际运送期间的四类包裹运费及按日核收保管费。   (   )
163. 到站发现行李、包裹重量不符,应退还时,开具退款证明书将多收款退还收货人。   (   )

二、选择题

1. 行李运价率为硬座客票票价率的(   )。
   A. 1%   B. 2%   C. 3%   D. 0.5%
2. 包裹运价率是以(   )类包裹运价率为基础,其他各类包裹按该类包裹的运价率加成或减成的比例确定。
   A. 一   B. 二   C. 三   D. 四
3. 按保价运输的行李核收保价费,行李保价费按声明价格的(   )计算。
   A. 0.5%   B. 1%   C. 2%   D. 3%
4. 按保价运输的包裹核收保价费,包裹保价费按声明价格的(   )计算。
   A. 3%   B. 2%   C. 1%   D. 0.5%
5. 行李、包裹运输合同的(   )是行李、包裹票。
   A. 合同凭证 B. 基本凭证 C. 运输凭证 D. 协议凭证
6. 列车向车站移交伤亡旅客时,编制"客运记录"(   )。
   A. 一式四份 B. 一式二份 C. 一式三份 D. 一式五份
7. 行李每件的最大重量为(   )kg。
   A. 60   B. 50   C. 40   D. 20
8. 行李体积以适于装入行李车为限,但最小不小于(   )m^3。
   A. 0.001   B. 0.01   C. 0.1   D. 1
9. 包裹是指适合在旅客列车行李车内运输的(   )。
   A. 货物   B. 小件货物 C. 物品   D. 大件货物
10. 已发刊10日后的足球报属(   )类包裹。
    A. 一   B. 二   C. 三   D. 四
11. 中、小学课本属(   )类包裹。
    A. 一   B. 二   C. 三   D. 四
12. 抢险救灾物资属(   )类包裹。
    A. 一   B. 二   C. 三   D. 四
13. 蔬菜属于(   )类包裹。
    A. 四   B. 三   C. 二   D. 一
14. 包裹每件的最大重量为(   )kg。
    A. 30   B. 40   C. 50   D. 60

15. ( )属不能按包裹运输的物品。
    A. 25kg的猪   B. 18kg的哈巴狗   C. 23kg的警犬   D. 15kg的警犬
16. 托运( )必须派人押运。
    A. 活螃蟹   B. 香烟   C. 小鸡   D. 树苗
17. 铁路对自行车的规定计价重量为( )kg。
    A. 20   B. 25   C. 30   D. 40
18. 带运包裹的重量每个包房不得超过( )kg,并应保证车内秩序和安全。
    A. 50   B. 100   C. 150   D. 200
19. 带运包裹所占用的包房( ),应按占用数量购买车票。
    A. 房间   B. 铺位   C. 面积   D. 体积
20. 带运包裹每件重量不得超过( )kg。
    A. 40   B. 50   C. 60   D. 100
21. 在行李车内发现应办而未办手续的无票包裹,应( )。
    A. 交列车值班员,补收运费,填发代用票
    B. 编制客运记录,交到站处理
    C. 按旅客携带品处理
    D. 按四类包裹补收运费处理
22. 行李、包裹的运到期限以( )里程计算。
    A. 运输   B. 运价   C. 运送   D. 运载
23. 运价里程为504km的行李运到期限为( )日。
    A. 1   B. 2   C. 3   D. 4
24. 运价里程为300km的包裹运到期限为( )日。
    A. 1   B. 2   C. 3   D. 4
25. 运价里程为2605km的行李运到期限为( )日。
    A. 5   B. 6   C. 7   D. 8
26. 运价里程为2609km的包裹运到期限为( )日。
    A. 7   B. 8   C. 9   D. 10
27. 行李中不得夹带货币、( )、珍贵文物等贵重物品。
    A. 装饰品   B. 化妆品   C. 档案材料   D. 照相机
28. 行李中不得夹带国家( )运输物品、危险品。
    A. 有条件控制   B. 无条件控制   C. 有条件允许   D. 禁止、限制
29. 行包组织工作应本着先行李后包裹,( )和长短途列车分工的原则,有计划地组织运输。
    A. 先始发后中转   B. 先中转后始发   C. 有利于运输   D. 方便旅客、货主
30. 列车发现不打印票号的行李、包裹,应( )。
    A. 可以装运   B. 交前方站处理   C. 计收运费   D. 拒绝装运
31. ( )不属于行李的范围。
    A. 旅客自用的被褥   B. 旅客自用的衣服
    C. 书刊   D. 旅客代步的自行车
32. 送给灾区人民衣物按( )类包裹办理。

A. 一 B. 二 C. 三 D. 四

33. 旅客可凭客票办理( )次行李托运。

A. 一 B. 二 C. 三 D. 四

34. 车站办理行李、包裹或货物取消托运时,应将原票据收回注销,注明( )字样。

A. 取消托运 B. 注销 C. 取消 D. 收回

35. 车站办理行李、包裹或货物变更到站时,由( )重新计算运输费用,补退差额。

A. 变更后的到站 B. 发站 C. 中间站 D. 到站

36. 行李、包裹装卸费收费标准为( )元/件次,超过每件规定重量的,按其超重倍数增收。

A. 0.50 B. 1.00 C. 1.50 D. 2.00

37. 一旅客托运行李一批两件各为20kg、54kg,9月10日到达,9月13日提取,车站应核收( )元保管费。

A. 8 B. 6 C. 12 D. 4

38. 根据铁路货物运输合同,押运货物的人视为( )。

A. 托运人 B. 收货人 C. 货主 D. 旅客

39. 行李、包裹运输合同自( )时起成立。

A. 站广场停车地点搬至行包办理处

B. 从行李、包裹过磅检斤

C. 从填写完整的行李、包裹托运单

D. 承运人接收行李、包裹并填发行李票、包裹票

40. 行李、包裹运输合同到( )止履行完毕。

A. 行李、包裹运至到站

B. 行李、包裹运至到站交付给收货人

C. 行李、包裹运至到站三日

D. 行李、包裹运至到站通知收货人领取

41. 凭有效领取凭证领收行包的人是( )。

A. 承运人 B. 托运人 C. 收货人 D. 发货人

42. 行李应( )装运。

A. 以直达列车

B. 以直达列车或中转次少的列车

C. 以中转次数少的列车

D. 随旅客所乘列车装运或提前

43. 包裹每件体积以适于装入行李车为限,但最小不得小于( )m³。

A. 0.1 B. 0.01 C. 0.001 D. 1

44. 自发刊日起,( )日以内的报纸按一类包裹办理。

A. 3 B. 5 C. 2 D. 10

45. 可按一类包裹办理的物品是( )。

A. 报纸 B. 新闻图片

C. 电影宣传图 D. 地(市)级政府宣传用非卖品

46. ( )属于四类包裹。

  A. 残疾人车　　　　B. 自行车　　　　　C. 电动自行车　　　D. 摩托车

47. 超过包裹规定重量的物品按(　　)计费。

  A. 三类包裹　　　B. 原品类包裹　　　C. 四类包裹　　　　D. 三类包裹加倍

48. 托运(　　)级政府宣传用非卖品按一类包裹办理。

  A. 县市　　　　　B. 地市　　　　　　C. 中央、省　　　　D. 乡镇

49. 托运(　　)时,不须提供运输证明。

  A. 一级运输包装的反射性同位素　　B. 油样箱

  C. 枪支　　　　　　　　　　　　　D. 摩托车

50. 托运(　　)时,需要提供运输证明。

  A. 计算机　　　　B. 出口服装　　　　C. 摩托车　　　　　D. 警犬

51. 托运(　　)物品时,应在包装表面明显处贴上"小心轻放"安全标记。

  A. 贵重　　　　　B. 放射性　　　　　C. 易碎　　　　　　D. 轻浮

52. 托运(　　)物品时,应在包装表面明显处贴上"小心轻放"外,还应贴上"向上"安全标志。

  A. 贵重　　　　　　　　　　　　　B. 一级运输包装的放射性同位素

  C. 流质　　　　　　　　　　　　　D. 轻浮

53. 向收货人支付行李、包裹逾期违约金最高不超过运费的(　　)。

  A. 10%　　　　　B. 20%　　　　　　C. 30%　　　　　　D. 40%

54. 因(　　)造成的行李、包裹损失,承运人应承担责任。

  A. 水灾　　　　　B. 火灾　　　　　　C. 地震　　　　　　D. 飓风

55. 逾期到达的行李、包裹,铁路免费保管(　　)天。

  A. 3　　　　　　B. 5　　　　　　　C. 10　　　　　　　D. 15

56. 领取包裹时,凭(　　)不能领取包裹。

  A. 传真件　　　　B. 印鉴　　　　　　C. 身份证　　　　　D. 包裹票(领取凭证)

57. 到站发现行包重量不符应补收时,(　　)。

  A. 只补收超重部分正当运费　　　　B. 按该批次或该件重量补收运费

  C. 加收超重部分两倍运费　　　　　D. 对超重部分按四类包裹补收运费

58. 按保价运输的物品,全部灭失时,按(　　)赔偿。

  A. 赔偿限额　　　B. 声明价格　　　　C. 实际损失　　　　D. 保价费

59. 按保价运输的物品,部分损失时,按(　　)赔偿。

  A. 声明价格　　　　　　　　　　　B. 损失部分所占的比例

  C. 实际损失　　　　　　　　　　　D. 赔偿限额

60. 行李、包裹部分损失时,提出赔偿的有效期自(　　)起计算。

  A. 交付的次日　　　　　　　　　　B. 运到的次日

  C. 运到期终了的次日　　　　　　　D. 通知领取的次日

61. 承运的行李中夹带食用油,运输途中油脂漏出,污染了该件行李,承运人(　　)。

  A. 承担赔偿责任　　　　　　　　　B. 退还全部或部分运费

  C. 不承担赔偿责任　　　　　　　　D. 承担50%赔偿责任

62. 分件保价的行李、包裹,在行李票、包裹票和每件货签上、包装上写明(　　)字样。

  A. 件数之几　　　B. 总件数之几　　　C. 声明价格　　　　D. 物品价格

63. 违约金按所收运费的百分比计算,不足0.1元的尾数按四舍五入处理到( )元。
    A.0.001   B.0.01   C.0.1   D.1
64. 办理带运包裹只允许使用( ),并事先在车站行包房办理包裹带运手续,付包裹运费后准予带运。
    A.软卧包房   B.硬卧包房   C.软、硬卧包房   D.行李车
65. 对凭印鉴领取的包裹,车站应建立( )。领取包裹时认真核对印鉴,由领取人在登记簿上签字并加盖备案的印鉴交付。
    A.登记簿   B.交付凭证   C.印鉴登记簿   D.印鉴领取登记簿
66. 行李票的经由栏按( )填写。
    A.装车径路   B.远径路   C.近径路   D.实际径路
67. 行李、包裹的装运顺序是:( )。
    A.始发行李、中转行李、中转包裹、始发包裹
    B.始发行李、中转行李、始发包裹、中转包裹
    C.中转行李、中转包裹、始发行李、始发包裹
    D.中转行李、始发行李、中转包裹、始发包裹
68. 始发行李车装运整车包裹时,包裹的最大单件重量不得超过( )kg。
    A.60   B.20   C.50   D.30
69. 铁路衡器管理所检修人员,可凭书面证明免费托运( )。
    A.行李   B.砝码和衡器配件
    C.工作资料   D.有关物品
70. 铁路文工团托运的服装、道具、布景由车站装卸时,( )。
    A.免收装卸费和搬运费   B.按规定核收装卸费
    C.减半核收装卸费   D.减半核收搬运费
71. 蛇、猛兽和每头超过( )kg的活动物(警犬和运输命令指定运输的动物除外)不能按包裹办理。
    A.15   B.20   C.25   D.30
72. 托运( )需要提供运输证明。
    A.中小学生课本   B.录像机
    C.报纸   D.省级以上政府宣传用非卖品
73. 托运动、植物时应有( )的检疫证明。
    A.卫生防疫站   B.铁路卫生防疫站
    C.动、植物检疫部门   D.地市以上动、植物检疫部门
74. 行李、包裹分为保价运输和不保价运输,( )运输方式。
    A.托运人可选择其中一种   B.承运人可选择其中一种
    C.承运人可根据情况选择   D.托运人可选择一段保价,一段不保价
75. 快运包裹的运到期限按( )运到期限计算。
    A.承诺的   B.行李   C.包裹   D.最近列车
76. 1609km的行李运到期限为( )日。
    A.3   B.4   C.5   D.6
77. 2801km的包裹运到期限为( )日。

A.7　　　　　B.8　　　　　C.9　　　　　D.10

78.行李、包裹超过规定的运到期限运到时,承运人应按(　　)向收货人支付违约金。
　　A.逾期日数　　　　　　　　B.所收运费的百分比
　　C.运到期限及所收运费的百分比　　D.逾期日数及所收运费的百分比

79.行李、包裹超过运到期限(　　)天以上仍未到达时,收货人可以认为行李、包裹已灭失而向承运人提出赔偿。
　　A.10　　　　B.20　　　　C.30　　　　D.40

80.包裹从(　　)起,承运人免费保管3天。
　　A.承运日　　B.运到日　　C.发出通知日　　D.运到次日

81.因事故或不可抗力等原因而延长车票有效期的行李,应按客票延长期的日数延长行李(　　)。
　　A.保管日数　　　　　　B.免费保管的日数
　　C.运到期限　　　　　　D.装车日期

82.包裹到达通知时间最晚不得超过包裹到达(　　)时。
　　A.当日12　　B.次日12　　C.当日24　　D.次日24

83.旅客托运行李2件到宁波,客票到站杭州,声明价格800元,车站应核收(　　)元保价费。
　　A.4.00　　　B.8.00　　　C.10.00　　　D.6.00

84.保价的行李、包裹,因承运人责任造成的取消托运时,保价费(　　)。
　　A.不退还　　B.全部退还　　C.部分退还　　D.按50%比例退还

85.行李、包裹货签拴挂方法为:(　　)。
　　A.每件应有1个铁路货签　　　B.每件的两端应各有1个铁路货签
　　C.每件应有2个铁路货签　　　D.每件的显眼处应有2个铁路货签

86.行李是指旅客自用的被褥、衣服、个人阅读的书籍、残疾人车和(　　)。
　　A.其他随身携带品　　　　　B.其他旅行日用品
　　C.其他旅行必需品　　　　　D.其他个人必需品

87.包裹是指(　　)的小件货物。
　　A.适合在旅客列车行李车内运输　　B.按包裹承运
　　C.不能按行李办理托运　　　　　　D.随身携带品以外的

88.(　　)按一类包裹办理托运。
　　A.电影预告图片　　　　　B.中、小学生课本
　　C.中、小学生参考书　　　D.报纸

89.将行李、包裹从行李房收货地点至装上行李车或从行李车卸下至规定的交付地点,(　　)作业。
　　A.为一次装车　　B.各为一次装卸　　C.为两次卸车　　D.各为两次装卸

90.托运(　　)时,应在包装表面明显处贴上"一级放射性物品"的安全标志。
　　A.危险品　　　　　　　B.一级运输包装的放射性同位素
　　C.油样箱　　　　　　　D.二级运输包装的放射性同位素

91.经当事人双方约定,包裹也可使用领取凭证的传真件领取,约定内容应记载在(　　)。
　　A.包裹托运单上　　　　B.包裹票记事栏内

C. 协议书上　　　　　　　　　　D. 担保书上

92. 取消托运的行李、包裹,已收运费低于( )时,运费不退也不再补收。
    A. 变更手续费和装卸费　　　　B. 保管费
    C. 变更手续费和保价费　　　　D. 变更手续费和保管费

93. 行李、包裹全部或部分灭失时,退还( )运费。
    A. 已收与已运区间差额　　　　B. 全部
    C. 全部或部分　　　　　　　　D. 部分

94. 因( ),造成的行李、包裹损失承运人不承担责任。
    A. 办理行包变更手续　　　　　B. 未办理保价运输的物品
    C. 托运人违反铁路规章　　　　D. 包装不符合要求

95. 一批行李、包裹部分逾期时,按逾期部分的( )比例支付运到逾期的违约金。
    A. 杂费　　　　B. 运费　　　　C. 费用　　　　D. 件数

96. 线路中断,旅客在中途站停止旅行,而托运的行李已运至到站,要求将行李运中途站,( )。
    A. 运费不补不退
    B. 退还已收运费与发站至中途站间运费的差额
    C. 补收已收运费与实际运送区间运费差额
    D. 退还已收运费与终止旅行站至原到站运费差额

97. 按保价运输的行李、包裹核收保价费,一段按行李、一段按包裹托运时,全程按( )核收保价费。
    A. 行李　　　　　　　　　　　B. 包裹
    C. 行李、包裹分别　　　　　　D. 行李加倍

98. 无法交付的物品,通告( )天以后仍无人领取时,应报上一级主管部门批准后予以变卖。
    A. 90　　　　B. 60　　　　C. 30　　　　D. 180

99. 收货人将领取凭证丢失,必须出示( ),承运人对其认可后,由收货人签收办理交付。
    A. 本人身份证　　　　　　　　B. 本人身份证、所有权证明、物品清单
    C. 担保人的担保书　　　　　　D. 本人身份证、物品清单和担保人的担保书

100. 收货人要求凭印鉴领取包裹时,应与承运人( )。
    A. 签订协议　　　　　　　　　B. 签订协议并交押金担保
    C. 约定　　　　　　　　　　　D. 签订协议并将印鉴式样备案

101. 《铁路旅客运输办理细则》规定,Ⅰ级放射性同位素不得与感光材料及活动物配装,与食品配装需要隔开( )m以上距离。
    A. 0.5　　　　B. 1　　　　C. 1.5　　　　D. 2

102. 一批包裹,运价里程为1648km,实际运至到站用了10天,应支付所收运费( )的违约金给收货人。
    A. 20%　　　　B. 15%　　　　C. 5%　　　　D. 10%

103. 到站发现普通货物品名不符时,( )的运费。
    A. 补收应收运费与已收运费差额　　B. 加收应收运费与已收运费差额两倍

C. 加收运送区间四类包裹　　　D. 加收运送区间原品类包裹

104. 到站对列车移交的无票运输行李、包裹,应( )。
   A. 按实际运送区间加倍补收四类包裹运费
   B. 按实际品类补收运费
   C. 按实际运送区间补收四类包裹运费
   D. 按实际品类加倍补收运费

105. 无法交付中的( )不交有关部门处理。
   A. 机要文件　　B. 贵重品　　C. 枪支　　D. 尖端保密产品

106. 对无法交付物品变卖所得的剩余款额,旅客、托运人、收货人在( )天以内来领取时,承运人按规定办理退款手续。
   A. 90　　B. 180　　C. 360　　D. 60

107. 车站装运行李、包裹时,对( )应优先安排装运。
   A. 重要文件　　　　B. 鲜、活包裹
   C. 尖端精密产品　　D. 抢险救灾物资、急救药品、零星支农物资

108. 租用、自备车辆的挂运费,重车行李车按标记载重运费的( )核收。
   A. 50%　　B. 60%　　C. 70%　　D. 80%

109. 承运加水、加冰的物品或途中喂养动物的饲料应( ),作为到站因此产生减量或重量消失的依据。
   A. 派押运人　　B. 单独制票计算　　C. 单独检斤　　D. 按三类收费

110. 行李、包裹票乙联装运栏由( )填写。
   A. 到站　　B. 中转站　　C. 列车　　D. 发站

111. 行李、包裹从承运后交付前发生包装破损、松散时,承运人应负责整修,整修费用由( )承担。
   A. 发货人　　B. 收货人　　C. 承运人　　D. 保险合同

112. 收货人向承运人提出行李、包裹要求赔偿的依据是( )。
   A. 客运记录　　　　B. 行李票或包裹票
   C. 证明价格的凭证　　D. 行李、包裹事故记录

113. 托运警犬应提出( )的运输证明。
   A. 林业部门　　B. 公安部门　　C. 动物检疫部门　　D. 卫生防疫部门

114. 托运枪支应提出( )的运输证明。
   A. 发站所属县、市公安局　　B. 运往地县、市公安局
   C. 发站所属省级以上公安部门　　D. 运往地省级以上公安部门

115. 托运国家保护的野生动物应提出( )林业主管部门的运输证明。
   A. 县级以上　　B. 市级以上　　C. 省级以上　　D. 国家

116. 托运油样箱时,必须提出( )签发的油样箱使用证。
   A. 国务院铁路主管部门　　B. 国家石油、化工总公司
   C. 铁路局　　　　　　　　D. 铁路卫生防疫部门

117. 包裹票的甲页是( )联。
   A. 运输报单　　B. 报告　　C. 存根　　D. 领取包裹

118. 一旅客凭一张车票托运行李2件重37kg,残疾人车1辆,一批保价600元,每千克运

价0.724元,核收运费( )元。

  A.39.1   B.44.9   C.42.1   D.40.6

119. 对运输距离( )km 以内,不需要饲养的家禽、家畜,可不派人押运。

  A.100   B.150   C.200   D.250

120. 对托运人提出不派人押运的家禽、家畜,车站应向托运人说明,并在( )上注明"途中逃逸、死亡,铁路免责"。

  A.包裹票记事栏   B.包裹票背面   C.托运单   D.装卸交接证

121. 行李、包裹逾期到达,支付违约金时,填写( )。

  A.退款凭证   B.退款证明书   C.退款证明   D.退款书

122. 行李逾期尚未到达旅客需继续旅行,要求铁路将行李免费运至新到站时,凭( )办理托运。

  A.原行李票   B.原行李票及新购车票

  C.行李逾期记录   D.行李逾期记录及原行李票

123. 对凭印鉴和传真件领取的包裹,均不再给( )。

  A.报销凭证   B.运输报单   C.领取凭证   D.传真件

124. 对丢失行李、包裹票的收货人提不出担保人时,可以出具押金自行担保,押金数额( )。

  A.由承运人自行确定   B.应与行李、包裹价值相当

  C.高于行李、包裹价值   D.可低于行李、包裹价值

125. 收货人领取行李、包裹时,如提出包装异状,车站应( )。

  A.检斤复磅   B.检斤复磅,必要时可开包检查

  C.开包检查   D.认真对待,查找原因

126. 行李、包裹在发站装车前取消托运时,应退还全部运费,办理时以车站退款证明书办理退款,收回的( )随车站退款证明书上报。

  A.行李、包裹票   B.行李、包裹票报单联

  C.行李、包裹票领取联   D.行李、包裹票报销联

127. 在发站发现危险品伪报其他品名时,停止装运,并通知托运人领取,( )。

  A.退还全部运费,按日核收保管费   B.费用不退,也不补收

  C.运费不退,按日核收保管费   D.按四类包裹补收运费

128. 在到站,发现国家禁止、限制运输的物品时应( )。

  A.补收全程四类包裹运费   B.加倍补收已收运费与应收运费的差额

  C.加倍补收全程四类包裹运费   D.补收已收运费与应收运费的差额

129. 线路中断,组织行李、包裹绕道运输时,到站根据( )计算运到期限。

  A.原运到期限加上被阻日数   B.实际运输里程加上被阻日数

  C.发站至到站新里程加上被阻日数   D.实际运到天数

130. 线路中断对发站已承运的行李、包裹铁路组织绕道运输时,运费( )。

  A.只补不退   B.补收或退还差额

  C.不补不退   D.部分退还

131. 包裹票分甲、乙、丙、丁、戊五页,办理带运包裹应将( )页交给旅客。

  A.乙   B.丙   C.戊   D.甲

132. 客运运价杂费收据分甲、乙、丙三页,各页的用途为:(　　)。
　　A. 甲页存查,乙页给付款人,丙页上报
　　B. 甲页存查,乙页上报,丙页给交款人
　　C. 甲页上报,乙页给付款人丙页存查
　　D. 甲页上报,乙页存查,丙页给付款人

133. (　　)按三类包裹计费。
　　A. 酸牛奶　　B. 炼乳　　C. 奶酪　　D. 鲜牛乳

134. (　　)按二类包裹办理。
　　A. 豆腐干　　B. 干辣椒　　C. 粉皮　　D. 花椒

135. (　　)按二类包裹办理。
　　A. 百合　　B. 栗子　　C. 白果　　D. 椰子

136. (　　)按二类包裹办理。
　　A. 鲜鸡蛋　　B. 松花蛋　　C. 咸蛋　　D. 糟蛋

137. (　　)按二类包裹办理。
　　A. 咸肉　　B. 熟肉　　C. 腌肉　　D. 猪肚

138. (　　)按三类包裹办理。
　　A. 牛肠　　B. 羊肠　　C. 香肠　　D. 胎盘

139. (　　)按二类包裹计费。
　　A. 海参　　B. 海带　　C. 咸海蜇　　D. 卤虾

140. 计算行李、包裹的运价里程,发到站间跨及两条及两条以上线路时,应按(　　)接算。
　　A. 规定的车站　　B. 接轨站　　C. 规定的接算站　　D. 指定的车站

141. 超过车票终到站以远的行李计费径路比照(　　)办理。
　　A. 实际径路　　　　B. 包裹计费径路
　　C. 行李实际运送径路　　D. 远径路

142. 包裹运价里程按(　　)计算。
　　A. 实际径路　　B. 最短径路　　C. 最远径路　　D. 远径路

143. 押运、带运包裹的运价里程按(　　)计算。
　　A. 最短径路　　B. 实际径路　　C. 最远径路　　D. 近径路

144. 行李运价率为硬座客票票价率的(　　)。
　　A. 0.5%　　B. 1%　　C. 1.5%　　D. 2%

145. 每(　　)kg·km 的行李运价率等于每人公里的硬座客票基本票价率。
　　A. 50　　B. 100　　C. 150　　D. 200

146. 旅客托运的行李在(　　)kg 以内,按行李运价计算。
　　A. 25　　B. 50　　C. 75　　D. 100

147. 旅客托运的行李中有残疾人用车,在(　　)kg 以内按行李运价计算,对超过部分按行李运价加倍计算。
　　A. 50　　B. 75　　C. 100　　D. 125

148. 两轮轻型摩托车(汽缸容量 50cm³ 以下时)的规定计价重量为每辆(　　)kg。
　　A. 50　　B. 60　　C. 70　　D. 80

149. 警犬、猎犬每头规定的计价重量为(　　)kg,超过时按实际重量计算。
    A. 30   B. 15   C. 20   D. 25
150. (　　)不办理改签。
    A. 卧铺票   B. 加快票   C. 空调票   D. 软座票
151. 助力自行车规定每辆计价重量为(　　)kg。
    A. 30   B. 35   C. 40   D. 45
152. 残疾人用车按行李托运时,每辆计价重量为(　　)。
    A. 25kg   B. 40kg   C. 实际重量   D. 30kg
153. 残疾人用车按包裹托运时,每辆计价重量为(　　)。
    A. 25kg   B. 50kg   C. 实际重量   D. 40kg
154. 行李、包裹变更手续费装运前为(　　)元/票次。
    A. 3   B. 5   C. 8   D. 10
155. 行李、包裹变更手续费装运后为(　　)元/票次。
    A. 5   B. 10   C. 15   D. 20
156. 取消托运的行李、包裹,已收运费低于(　　)时,运费不退也不再补收。
    A. 变更手续费和装卸费   B. 保管费
    C. 变更手续费和保价费   D. 变更手续费和保管费
157. 每张行李、包裹票的起码运费为(　　)元。
    A. 1   B. 2   C. 5   D. 10
158. 旅客票价里程,按旅客乘车的(　　)计算。
    A. 最短径路   B. 最长径路   C. 实际径路   D. 指定径路
159. 带运、押运包裹的运价里程按(　　)计算。
    A. 最短径路   B. 最长径路   C. 指定径路   D. 实际径路
160. 行李、包裹运价的起码重量为(　　)kg。
    A. 3   B. 5   C. 8   D. 10
161. 棚车代用客车时,按车辆标记载重计算定员,每吨按(　　)人折算,核收棚车客票票价。
    A. 1   B. 1.2   C. 1.5   D. 2
162. 一批行李、包裹部分逾期时,按(　　)支付运到逾期违约金。
    A. 包裹运费   B. 行李运费   C. 全部运费   D. 逾期部分的运费比例
163. (　　)属于四类包裹。
    A. 重量为60kg的配件   B. 油样箱
    C. 铁桶   D. 电视机
164. 旅客违章携带超重、超大物品且价值低于运费时,可按物品价值的(　　)核收运费。
    A. 20%   B. 30%   C. 40%   D. 50%
165. 未按保价运输的行李、包裹全部丢失,按实际损失赔偿,但最高连同包装重量每千克不超过(　　)元。
    A. 10   B. 13   C. 15   D. 20
166. 包车的行李、包裹混装时,按(　　)核收运费。
    A. 行李运价核收   B. 三类包裹运价的80%

C. 二类包裹运价　　　　　　　　D. 其中运价高的

167. 对每立方米重量不足（　　）kg 的轻泡货物,小件货物快运运单内应填写体积。
    A. 157　　　B. 160　　　C. 165　　　D. 167

168. 托运（　　）时,需要提供运输证明。
    A. 计算机　　B. 出口服装　　C. 摩托车　　D. 警犬

169. （　　）行李、包裹,免费保管 10 天。
    A. 按事故处理的　　　　　　B. 不可抗力延长车票有效期的
    C. 逾期到达的　　　　　　　D. 因病延长车票有效期的

170. 线路中断,旅客在发站停止旅行,行李已运至到站,要求将行李运回发站取消托运时,在（　　）加盖"交付讫"戳。
    A. 行李、包裹票　　　　　　B. 行李票报销页
    C. 行李票旅客页　　　　　　D. 行李票报单页

171. 车站组织旅客出站时,发现一旅客携带旅行包 1 只重 23kg（内有汽油 1 瓶重 3kg）,到站应（　　）。
    A. 补收乘车站至下车站 20kg 四类包裹运费
    B. 补收乘车站至下车站 5kg 四类包裹运费
    C. 加倍补收乘车站至下车站 23kg 四类包裹运费
    D. 加倍补收乘车站至下车站 3kg 四类包裹运费

172. 1501～2500km 的行李递远递减率是（　　）。
    A. 20%　　　B. 40%　　　C. 10%　　　D. 50%

173. 现行四类包裹与二类包裹运价的比率是（　　）。
    A. 1.2:0.6　　B. 1.5:0.8　　C. 1.4:0.9　　D. 1.3:0.7

174. 现行一类包裹与三类包裹运价的比率为（　　）。
    A. 0.5:1　　B. 0.3:1　　C. 0.2:1　　D. 0.4:1

175. 包裹的运价从（　　）km 起实行递远递减。
    A. 300　　　B. 301　　　C. 200　　　D. 201

176. 车站办理行李、包裹取消托运时,应将原票据（　　）。
    A. 收回　　　　　　　　　　B. 注明"取消托运"字样
    C. 注销　　　　　　　　　　D. 收回、注销、注明"取消托运"字样

177. 包裹装运后要求变更到站时,补收或退还已收运费与实际（　　）的运费差额。
    A. 运送里程　　　　　　　　B. 运送区间里程通算
    C. 运送区间通算　　　　　　D. 运送区间里程分算

178. 对丢失行李、包裹票的收货人,应要求其出示身份证和担保人的书面证明以及（　　）。
    A. 物品清单　　　　　　　　B. 物品所有权证明
    C. 物品价值　　　　　　　　D. 单位证明

179. 行李、包裹装运后,收货人要求变更运输时,只能在发站、行李和包裹所在中转站、（　　）提出。
    A. 装运列车和列车终点站　　B. 装运列车和中止旅行站
    C. 装运列车和列车前方中转站　D. 列车终到站或中止旅行站

180. 托运油样箱到站后,收货人应到( )提取。
    A. 行李房   B. 快运公司   C. 行李车   D. 指定地点

181. 行李、包裹变更运输,原到站的保管费核收天数自( )止计算。
    A. 行李、包裹到达日起至收到电报次日
    B. 行李、包裹发出通知日起至收到电报日
    C. 行李、包裹到达日起至收到电报日
    D. 行李、包裹到达日起至装车日

182. ( )的包裹混装为一件时,按其中运价高的计算。
    A. 品名不同   B. 运价不同   C. 到站不同   D. 价格不同

183. 在行李、包裹运输过程中,要把好( )各运输环节。
    A. 承运、进仓、装卸、保管、交接、交付
    B. 承运、装卸、中转、交接、保管、交付
    C. 承运、进仓、装卸、交接、出仓、交付
    D. 承运、装卸、中转、交接、出仓、交付

184. 无法交付物品是指( )。
    A. 无主的行李、包裹
    B. 无人领取的暂存物品
    C. 旅客遗失物品
    D. 无主的行李、包裹,旅客的遗失物品和无人领取的暂存物品

185. 现行一类包裹与二类包裹运价的比率为( )。
    A. 1:7   B. 2:7   C. 3:7   D. 4:7

186. 现行一类包裹与四类包裹运价的比率为( )。
    A. 1:13   B. 2:13   C. 3:13   D. 4:13

187. 现行二类包裹与三类包裹运价的比率为( )。
    A. 0.5:1   B. 0.6:1   C. 0.7:1   D. 0.8:1

188. 现行四类包裹与三类包裹运价的比率为( )。
    A. 1.1:1   B. 1.2:1   C. 1.3:1   D. 1.4:1

189. 行李、包裹保管费为( )元/件。
    A. 1   B. 2   C. 3   D. 4

190. 逾期包裹不办理( )。
    A. 保管费核收   B. 支付违约金   C. 免费转运   D. 变更运输

191. 行李、包裹在发站装车前全部灭失、毁损时,由( )处理。
    A. 中转站   B. 铁路局   C. 到站   D. 发站

192. 行李票的经由栏按( )填写。
    A. 装车径路   B. 远径路   C. 近径路   D. 实际径路

193. 在车站退还带有"( )"字戳记车票时,应先将托运的行李取消托运或改按包裹托运。
    A. 包裹   B. 行包   C. 行   D. 行李

194. 行李运价里程,按行李实际运送的径路计算,旅客要求由近径路运送时,如有( )可按近径路计算。

A. 直达列车　　　B. 始发列车　　　C. 中转接续列车　D. 始发终到列车

195. 按保价运输的行李、包裹发生运输变更时,保价费( )。
   A. 不补　　　B. 不退　　　C. 不补不退　　　D. 只补不退

196. 经当事人双方约定,包裹也可使用领取凭证的传真件领取,约定内容应记载在( )。
   A. 包裹托运单上　　　　　B. 包裹票记事栏内
   C. 协议书上　　　　　　　D. 担保书上

197. 事故行包的变卖款应( )。
   A. 拨归承运人收入　　　　B. 上缴国库
   C. 拨归事故费用　　　　　D. 列运营成本

198. 列车行李员应将包裹押运人姓名、人数、工作单位、地址和品、件数、发到站登记在( )内。
   A. 运输报单记事栏　　　　B. 行李、包裹装卸交接证记事栏
   C. 押运人员登记簿　　　　D. 列车行包密度表记事栏

199. 丢失的行包在办理完赔偿手续后又找到,应撤销一切赔偿手续,收回全部赔款,如托运人或收货人不同意领取时,按( )处理。
   A. 无法交付物品　B. 事故行包　　C. 其他事故　　D. 不可抗力

200. 送给灾区的帐篷按( )类包裹办理。
   A. 一　　　B. 二　　　C. 三　　　D. 四

201. 行李运价率为( )元/(kg·km)。
   A. 0.05861　　B. 0.0005861　　C. 0.005861　　D. 0.5861

202. 发生行包事故后,收货人向承运人要求赔偿的依据是( )。
   A. 行李票或包裹票　　　　B. 客运记录
   C. 行李、包裹事故记录　　D. 证明物品内容和价格的凭证

203. 行包事故赔偿一般应在到站办理,特殊情况可由( )办理。
   A. 事故责任站　B. 事故发生站　C. 发站　　　D. 中转站

204. 发生事故,收货人要求赔偿时,应在规定的限期内提出并应附的文字材料为( )。
   A. 行李票或包裹票;行李、包裹事故记录
   B. 行李票或包裹票;证明物品内容和价格的凭证
   C. 行李票或包裹票;行李、包裹事故赔偿要求书
   D. 行李票或包裹票;行李、包裹事故记录;证明物品内容和价格的凭证

205. 一件包裹中装有服装、书籍各为20kg,则该件包裹按( )类计费。
   A. 二　　　B. 三　　　C. 四　　　D. 一

206. 发生行包事故后,事故处理站自旅客或收货人提出赔偿要求书次日起,必须在( )天内办完手续。
   A. 30　　　B. 60　　　C. 90　　　D. 10

207. 中途站对包装破损的行包,未加整修继续运送,造成事故时,事故责任列( )。
   A. 发站　　　　　　　　　B. 其他
   C. 造成损坏的站、车　　　D. 应整修而未整修的车站

208. 一批包裹自发站至到站运到期限为4日,逾期2日到达,承运人应支付违约金比例为

( )。
    A.5%　　　　　B.10%　　　　　C.15%　　　　　D.20%

209. 收货人领取行李、包裹时,如发现有短少或有异状,应在( )提出。
    A. 领取后12h内　　　　　　B. 领货时及时
    C. 领取后1日内　　　　　　D. 领取后2日内

210. 托运一级运输包装的放射性同位素,每件重量不得超过( )kg。
    A.50　　　　　B.40　　　　　C.30　　　　　D.25

211. 承运加冰、加水的物品或途中喂养动物的饲料应( ),作为到站因此产生减量或重量消失的依据。
    A. 单独检斤　　B. 按三类收费　　C. 派押运人　　D. 单独制票计费

212. 承运凭书面证明免费托运的铁路砝码和衡器配件时,应在包裹票记事栏内注明( )字样。
    A. 铁路砝码、配件　　　　　B. 砝码和衡器配件
    C. 免费　　　　　　　　　　D. 衡器检修、免费

213. 行李逾期尚未到达旅客需继续旅行,要求铁路将行李免费运至新到站,凭( )办理托运。
    A. 原行李票　　　　　　　　B. 原行李票及新购车票
    C. 行李逾期记录　　　　　　D. 行李逾期记录及原行李票

214. 行李、包裹变更运输,原到站的保管费核收天数自( )计算。
    A. 行李、包裹到达日起至收到电报次日止
    B. 行李、包裹发出通知日起至收到电报日止
    C. 行李、包裹到达日起至收到电报日止
    D. 行李、包裹到达日起至装车日止

215. ( )不属于行李的范围。
    A. 自用被褥　　　　　　　　B. 自用衣服
    C. 个人阅读的书籍　　　　　D. 学生课本

216. 行李中可以夹带( )。
    A. 股票　　　　B. 户口本　　　C. 小说　　　　D. 鞭炮

217. 快运包裹外部尺寸长、宽、高之和不得小于( )m。
    A.0.2　　　　B.0.4　　　　C.0.6　　　　D.0.8

218. 快运包裹货物外部最大尺寸长度应不超过( )m。
    A.1.5　　　　B.2　　　　　C.3　　　　　D.3.5

219. 快运包裹货物外部最大尺寸宽度应不超过( )m。
    A.2　　　　　B.1.5　　　　C.1　　　　　D.0.5

220. 快运包裹货物外部最大尺寸高度应不超过( )m。
    A.1　　　　　B.1.5　　　　C.1.6　　　　D.1.8

221. 泡沫塑料按( )类包裹计费。
    A. 一　　　　　B. 二　　　　　C. 三　　　　　D. 四

222. ( )不能按包裹托运。
    A. 书刊　　　　B. 土豆　　　　C. 蝎子　　　　D. 蒜

223. (　　)不能按包裹托运。
    A. 政宣品　　　B. 摩托车　　　C. 蜈蚣　　　D. 洋葱
224. (　　)能按包裹托运。
    A. 尸体　　　　　　　　　　B. 食用动物的五脏
    C. 蛇　　　　　　　　　　　D. 警犬
225. 行李票乙页为(　　)。
    A. 上报页　　　B. 运输报单　　C. 旅客页　　D. 报销页
226. 行李票丙页为(　　)。
    A. 上报页　　　B. 旅客页　　　C. 运输报单　D. 报销页
227. 行李票丁页为(　　)。
    A. 报销页　　　B. 运输报单　　C. 旅客页　　D. 上报页
228. 行李票戊页为(　　)。
    A. 上报页　　　B. 存查页　　　C. 旅客页　　D. 报销页
229. 行李票甲页为(　　)色。
    A. 黑　　　　　B. 红　　　　　C. 绿　　　　D. 褐
230. 行李票乙页为(　　)色。
    A. 黑　　　　　B. 红　　　　　C. 绿　　　　D. 褐
231. 行李票丙页为(　　)色。
    A. 黑　　　　　B. 红　　　　　C. 褐　　　　D. 绿
232. 行李票丁页为(　　)色。
    A. 黑　　　　　B. 红　　　　　C. 绿　　　　D. 褐
233. 行李票戊页为(　　)色。
    A. 黑　　　　　B. 红　　　　　C. 绿　　　　D. 褐
234. 对每立方米重量不足167kg的轻泡货物,小件货物快运运单内应填写(　　)。
    A. 状态　　　　B. 包装　　　　C. 体积　　　D. 密度

三、问答题

1. 铁路行李包裹运输合同是指什么？基本凭证是什么？

2. 行李票、包裹票主要应载明哪些内容？

3. 何谓行李、包裹运输合同的有效期间？

4. 托运人的基本权利和义务有哪些?

5. 承运人的基本权利和义务有哪些?

6. 什么是行李?哪些物品不能夹带到行李中?对行李有何要求?

7. 什么是包裹?包裹是如何分类的?

8. 不能按包裹运输的物品有哪些?

9. 如何进行保价运输?

10. 行李、包裹的运到期限是如何规定的？

11. 行李、包裹违章运输的种类有哪些？

12. 什么是品名不符的运输？发现品名不符应如何处理？

13. 什么是重量不符的运输？发现重量不符应如何处理？

14. 什么是无票运输？无票运输应如何处理？

四、综合题

1. 2015年3月2日,丹东站一旅客持丹东至沈阳的硬座客快车票、要求托运行李2件(衣服、书籍,重50kg)至蔡家沟,声明价格共计3000元。请予以办理。

2. 2015年3月2日,丹东站一旅客持丹东至沈阳的硬座客快车票、托运了行李2件(重50kg)至蔡家沟,3月5日旅客到哈尔滨站提取行李,行李逾期未到,3月8日到达哈尔滨。请计算逾期违约金。

项目四 特种运输

一、判断题（对的打"√",错的打"×"）

1. 铁路乘车证分十个票种三种颜色。   （   ）
2. 年满 50 周岁的副处长可以使用软席乘车证。   （   ）
3. 便乘证浅蓝色。   （   ）
4. 军运事故分三类。   （   ）
5. 铁路允许退伍战士免费携带重量为 35kg。   （   ）
6. 我国铁路现有 30 个联运站。   （   ）
7. 土库曼斯坦参加国际铁路联运。   （   ）
8. 中国参加国际铁路联运。   （   ）
9. 国际铁路联运分为旅客运输和货物运输。   （   ）
10. 阿拉山口是铁路旅客联运站。   （   ）
11. 秦皇岛是铁路旅客联运站。   （   ）

二、选择题

1. 新老兵运输期间新老兵免费携带品重量为(   )kg。
   A. 30   B. 35
   C. 40   D. 50
2. 铁路衡器管理所检修人员,可凭书面证明免费托运(   )。
   A. 行李   B. 砝码和衡器配件
   C. 工作资料   D. 有关物品
3. 铁路文工团托运的服装、道具、布景由车站装卸时,(   )。
   A. 免收装卸费和搬运费   B. 按规定核收装卸费
   C. 减半核收装卸费   D. 减半核收搬运费
4. 铁路乘车证的颜色有(   )种。
   A. 3   B. 9
   C. 10   D. 8
5. 每年(   )为新老兵运输期间。
   A. 11 月下旬~12 月下旬   B. 11 月上旬~12 月下旬
   C. 10 月下旬~12 月下旬   D. 11 月下旬~12 月上旬
6. 铁路乘车证共分(   )票种。
   A. 9 个   B. 11 个
   C. 10 个   D. 3 个

三、问答题

1. 铁路乘车证的种类及颜色规定有哪些?

2. 简述铁路乘车证的使用范围。

3. 铁路乘车证使用的有关规定有哪些?

4. 铁路乘车证乘车席别的规定有哪些?

5. 铁路乘车证准乘列车的规定有哪些?

6.使用铁路乘车证乘车证明的规定有哪些?

7.使用铁路乘车证在乘车站使用签证及加剪规定有哪些?

8.使用铁路乘车证免费使用卧铺的规定有哪些?

9.违章使用乘车证应如何处理?

10. 简述新老兵运输运输期限。

11. 我国铁路旅客联运站有哪些？

四、综合题

2015年3月2日,大连开往绥芬河的2727次列车(空调普快),到达哈尔滨站前验票发现一旅客持借用他人的硬席临时定期乘车证(公 $YL_b042017$),有效期为2月1日至5月1日,有效区间为沈阳至哈尔滨、齐齐哈尔,要求在哈尔滨下车,请问列车应如何处理？

项目五　运输事故的处理

一、判断题(对的打"√",错的打"×")

1. 铁路电报按电报的性质和急缓程度分为 5 种。　　　　　　　　　　(　　)
2. 旅客人身伤害按程度分为 3 种。　　　　　　　　　　　　　　　　(　　)
3. 由于车站销售的食物造成旅客食物中毒的属于车站责任。　　　　　(　　)
4. 行包事故按其性质和损失程度分为三个等级。　　　　　　　　　　(　　)
5. 由于不可抗力造成的行包损失承运人不承担赔偿责任。　　　　　　(　　)

二、选择题

1. 线路中断恢复后,应优先装运被阻的行李、包裹,并在票据记事栏内注明(　　)加盖站名戳。
   A. 被阻时间　　B. 被阻日数　　C. 被阻车站　　D. 保管日数
2. 线路中断,根据托运人的要求,由中途站返回的包裹取消托运时,填写"退款证明书"退还(　　)并将收回的包裹票附在"退款证明书"报告页上报。
   A. 部分费用　　B. 全部费用　　C. 全部运费　　D. 部分运费
3. 线路中断,收货人要求在中途站领取行包时,退还(　　)。
   A. 已收运费与发站至领取站应收运费的差额,不足起码里程全部退还
   B. 已收运费与发站至领取站间的运费差额,不足起码里程按起码里程计算
   C. 已收运费与已运送区间运费的差额,不足起码里程全部退还
   D. 已收运费与已运送区间运费的差额,不足起码运费按起码运费计算
4. 线路中断,旅客在发站停止旅行,行李已运至到站,要求将行李运回发站取消托运时,在(　　)加盖"交付讫"戳,交旅客作为报销凭证。
   A. 行李、包裹票　B. 行李票报销页　C. 行李票旅客页　D. 行李票报单页
5. 线路中断,鲜活包裹在运输途中被阻,托运人要求铁路处理时,卸车站应处理,处理所得款由卸车站(　　)。
   A. 直接汇寄给发站
   B. 直接汇寄给托运人
   C. 填"客杂"上交,由处理站所属铁路局收入部门汇付发站所属铁路局收入部门
   D. 直接汇寄给收货人
6. 发生行包事故后,收货人向承运人要求赔偿的依据是(　　)。
   A. 行李票或包裹票　　　　　　B. 客运记录
   C. 行李、包裹事故记录　　　　D. 证明物品内容和价格的凭证
7. 行包事故赔偿一般应在到站办理,特殊情况可由(　　)办理。

A. 事故责任站　　　B. 事故发生站　　　C. 发站　　　　　　D. 中转站

8. 发生事故,收货人要求赔偿时,应在规定的限期内提出并应附的文字材料为(　　)。

　　A. 行李票或包裹票;行李、包裹事故记录

　　B. 行李票或包裹票;证明物品内容和价格的凭证

　　C. 行李票或包裹票;行李、包裹事故赔偿要求书

　　D. 行李票或包裹票;行李、包裹事故记录;证明物品内容和价格的凭证

三、问答题

1. 什么是铁路电报？铁路电报的等级有哪些？

2. 使用铁路电报的注意事项有哪些？

3. 简述列车铁路电报的拍发范围。

4. 线路中断的原因有哪些?

5.《铁路旅客运输规程》规定发生线路中断时应如何安排旅客?

6. 旅客在列车上发生急病时应如何处理？

7. 旅客在列车上发生死亡时应如何处理？

8. 无票人员发生急病或死亡时应如何处理？

9. 什么是旅客人身伤害事故？

10. 简述旅客人身伤害事故的种类及等级。

11. 简述列车上旅客人身伤害事故的现场处理程序。

12. 旅客人身伤害事故的现场处理办法有哪些?

13. 旅客人身伤害事故的现场责任是如何划分的?

14. 简述管内旅客列车晚点超过 30 分钟时的应急组织。

15. 简述始发、折返及各停站晚点列车乘务担当部门的应急组织。

16. 简述动车组因故障晚点和旅客滞留的应急处置。

17. 简述动车组因故障组织旅客换乘的应急处置。

18. 简述旅客列车发生火灾时的应急处置。

19. 简述旅客列车严重超员发生弹簧压死时应急处置。

20. 简述旅客列车因线路中断运行的应急处置。

21. 简述旅客列车运行中发生自动制动机故障时的应急处置。

22. 简述旅客列车在中间站变更到发线停车和无站台停车时列车的处理方法。

23. 简述旅客列车上发现"三品"的处理办法。

24. 简述旅客列车发生行车重大、大事故后有旅客伤亡时的处理办法。

25. 简述列车运行途中因车辆故障甩车时的处理办法。

26. 简述站车遇有突发性治安事件的处理办法。

27. 简述站车遇有突发性危重病人的处理办法。

28. 简述发生旅客食物中毒时的应急处理办法。

29. 简述列车轴温报警时的处理办法。

30. 简述列车夜间运行中突然停电的处理办法。

31. 简述站车遇有突发精神病旅客的处理办法。

32. 简述动车组列车空调故障的应急处置。

33. 简述动车组列车发生火灾爆炸的应急处理。

34. 简述动车组运行途中停电的应急处置办法。

35. 简述动车组列车发生治安案件、旅客急病、跳(坠)车的应急处置办法。

项目六　旅客运输计划及组织

一、判断题(对的打"√",错的打"×")

1. 因故折返旅客列车原车次冠以"F"。　　　　　　　　　　　　　　　　　(　　)
2. 回送图定客车底在车次前冠以"0"。　　　　　　　　　　　　　　　　　(　　)
3. 客流调查分为综合调查、节假日调查和日常调查三种。　　　　　　　　(　　)
4. 综合调查一般每两年进行一次。　　　　　　　　　　　　　　　　　　(　　)
5. 旅客发送量及票价统计表为客报2。　　　　　　　　　　　　　　　　　(　　)
6. 分界站旅客输出、输入及通过人数统计表为客报3。　　　　　　　　　　(　　)
7. 区段平均旅客密度统计表为客报4。　　　　　　　　　　　　　　　　　(　　)
8. 旅客运送距离统计表为客报5。　　　　　　　　　　　　　　　　　　　(　　)
9. 客流图分直通、管内两种。　　　　　　　　　　　　　　　　　　　　(　　)
10. 所谓客流月,就是中国铁路总公司指定作为统计客流的某个月份,一般情况采用客运量需求较大的月份。　　　　　　　　　　　　　　　　　　　　　(　　)
11. 所谓客流区段,是指客流到达区段,它不同于列车运行区段和机车牵引区段,其长度按客流密度的变化情况而定。　　　　　　　　　　　　　　　　(　　)
12. 直通客流图是由一个铁路局所属各客流区段产生的客流,经过一个或几个铁路局间分界站到达他局客流区段的客流图解来表示。　　　　　　　　　　(　　)
13. 管内客流图是由一个铁路局管内各客流区段产生,在本铁路局管内各客流区段消失的客流图解来表示。　　　　　　　　　　　　　　　　　　　　(　　)
14. 旅客运输技术计划是保证质量良好地完成旅客运输任务,合理使用机车车辆和其他各种技术设备的具体生产计划。　　　　　　　　　　　　　　　(　　)
15. 在牵引种类和机车功率一定的条件下,列车重量越大,运行速度则越高。(　　)
16. "按流开车"是确定旅客列车运行区段和行车量的基本原则。　　　　　　(　　)
17. 列车的旅客密度表资料,应分别整理软卧、硬卧和硬座数字,并分析列车虚糜和超员情况。　　　　　　　　　　　　　　　　　　　　　　　　　(　　)
18. 旅客输送日计划,应分管内和直通运输,分车次并按客流区段进行编制。(　　)
19. 旅客输送日计划以票额分配方案为基准编制。　　　　　　　　　　　　(　　)
20. 直通旅客列车的日计划主要按照铁路局定的票额分配计划审批。　　　　(　　)
21. 车站旅客输送日计划编制质量的高低,主要是通过对兑现率进行考核。　(　　)
22. 根据中国铁路总公司的要求,每趟列车计划兑现率与日计划兑现率,都要分别达到95%以上。　　　　　　　　　　　　　　　　　　　　　　　　(　　)
23. 乘车人数通知单是车站统计各次列车上车人数,积累客流资料的原始记录。
　　　　　　　　　　　　　　　　　　　　　　　　　　　　　　　　(　　)

24. 乘车人数通知单是车站考核日计划兑现率,检查售票、签票执行日计划情况的依据。
（　）
25. 列车上验票每500km查验一次。（　）
26. 乘车人数通知单是列车填写旅客密度表的依据。（　）
27. 软、硬座乘车人数的统计采取检票记数或售票记数的方法。（　）
28. 乘坐卧铺的旅客也统计在"乘车人数通知单"内,于开车前交给列车长。（　）
29. 列车旅客密度表（客统—4）简称"一表"。（　）
30. "乘车人数通知单"一式两份,一份交列车长,一份由留站存查。（　）
31. 列车旅客密度表积累各站上下车人数资料,为编制旅客运行图,调整列车停站和票额分配计划提供准确的依据。（　）
32. 列车旅客密度表是列车长及时掌握旅客流量流向变化,合理安排列车统一作业过程,为旅客提供优质服务的基础。（　）
33. 列车长必须亲自填写列车旅客密度表。（　）
34. 列车旅客密度表为梯形表格,分硬座及软、硬卧两个梯形表格。（　）
35. 列车旅客密度表每一竖格的垂直累计数为各站下车人数,每一横格水平累计数为各站上车人数。（　）
36. 乘车人数通知单（客统—3）简称"一单"。（　）
37. 旅客输送量 = 软、硬座各站下车人数 + 软、硬卧各站下车人数。（　）
38. 车站将经列车长盖章的"乘车人数通知单"按车次装订成册,保存3个月。（　）
39. 客运调度工作是铁路旅客运输的重要组成部分。（　）
40. 各次列车旅客密度表保存6个月。（　）
41. 各站递交的"乘车人数通知单"保存3个月。（　）
42. 列车各车厢的"旅客去向登记记录"保存3个月。（　）
43. 进京上访人员乘车时必须逐级向客调报告。（　）
44. 站、车之间发生纠纷或其他原因影响旅客列车严重晚点时,必须逐级向客调报告。
（　）
45. 直达特快旅客列车车次为Z1～Z9998。（　）
46. 特快旅客列车（跨局）车次为T1～T9998。（　）
47. 普通旅客列车跨三局及其以上的车次为1001～1998。（　）
48. 特快旅客列车（管内）车次为T5001～T9998。（　）
49. 普通旅客列车（管内）车次为2001～3998。（　）
50. 直通旅客列车开行条件,跨两局的列车不少于600人。（　）
51. 社会政治、经济、文化的发展变化是影响客流变化的主要因素。（　）
52. 回运系数 = 同一线路上客流较小方向的客流密度 ÷ 同一线路上客流较大方向的客流密度。（　）
53. 客流调查的范围是铁路沿线的吸引区。（　）
54. 旅客运输计划是铁路运输计划的主要内容之一。（　）
55. 旅客运输计划,根据执行期间的不同,可分为长远计划、年度计划、日常计划三种。
（　）
56. 旅客运输计划,按其组织形式又可分为客流计划、技术计划、日常计划三种。（　）

57. 直达特快旅客列车最高运行时速达 180km。( )
58. 直通客流,指旅客乘车距离跨及两个及其以上铁路局。( )
59. 管内客流,指旅客乘车距离在一个铁路局范围以内。( )
60. 动车组列车运行速度快捷,时速高达 200~250km。( )
61. 我国以向首都北京、支线向干线或指定方向为上行,车次编定为双数,反之为下行,车次编定为单数。( )
62. 动车组列车跨局车次范围 D001~D401。( )
63. 跨局高速动车组旅客列车车次 G1~G5998。( )
64. 管内高速动车组旅客列车车次 G6001~G9998。( )
65. 旅客计划运输组织工作的目的是:充分发挥旅客运输能力的最佳效能,均衡地运送旅客。( )
66. 旅客运输计划是旅客计划运输组织工作的前提。( )
67. 行包组织工作应本着先行李后包裹,先中转后始发和长短途列车分工的原则,有计划地组织运输。( )
68. 运行图是铁路运输工作的综合性计划和行车组织的基础。( )
69. 旅游列车的车次是 Y1~Y598。( )
70. 高速动车组旅客列车车次 G1~G9998。( )
71. 跨局城际动车组旅客列车 C1~C1998。( )
72. 开行直通客车的直通客流(由始发局到终到局),跨三局的列车不少于 500 人。
( )
73. 开行直通客车的直通客流(由始发局到终到局),跨四局的列车不少于 400 人。
( )
74. 开行直通客车的直通客流(由始发局到终到局),跨两局的列车不少于 300 人。
( )
75. 跨局高速动车组旅客列车 G1~G5998。( )
76. 跨局特快旅客列车车次 T1~T9998。( )
77. 管内快速旅客列车车次 K7001~K9998。( )
78. 普通旅客快车车次 1001~5998。( )
79. 旅客列车时刻表采用 24 小时制。列车在 24 点出发为 0:00,到达为 24:00。( )

二、选择题

1. 旅客计划运输组织工作的目的是:充分发挥旅客运输(　　)的最佳效能,均衡地运送旅客。
　　A. 潜力　　　　B. 能力　　　　C. 效益　　　　D. 优势
2. 旅客运输计划是旅客计划运输组织工作的(　　)。
　　A. 目的　　　　B. 核心　　　　C. 中心环节　　D. 前提
3. 行包组织工作应本着先行李后包裹,(　　)和长短途列车分工的原则,有计划地组织运输。
　　A. 先始发后中转　B. 先中转后始发　C. 有利于运输　D. 方便旅客、货主
4. 1325/1326 次为(　　)。

A. 管内普通旅客快车 B. 跨两局普通旅客快车
C. 跨三局及其以上普通旅客快车 D. 北京局管内普通旅客快车

5. 跨两局普通旅客快车的车次范围是( )。
   A. 1001~2998   B. 2001~3998   C. 2001~2998   D. 1001~3998

6. 跨局快速旅客列车的车次范围是( )。
   A. K1~K298   B. K1~K398   C. K1~K498   D. K1~K998

7. 跨局普通旅客慢车的车次范围是( )。
   A. 6001~6198   B. 6001~6998   C. 6001~7998   D. 6001~8998

8. 列车编组计划是全路的( )组织计划。
   A. 车流   B. 客流   C. 货流   D. 流量

9. 民工流产生地的人口数量、乡镇企业剩余劳动力分布及数量是( )调查的主要内容。
   A. 一般   B. 日常   C. 综合   D. 节假日

10. 近日来各次列车上车人数实际及其规律是客运计划员编制( )的主要依据。
    A. 月计划   B. 旬计划   C. 日计划   D. 临时计划

11. ( )由中国铁路总公司编制,所需客流资料由各铁路局统计部门提供。
    A. 长远计划
    B. 年度计划
    C. 长远计划、年度计划
    D. 日常计划

12. 客流调查形式以( )为主。
    A. 节假日调查   B. 日常调查   C. 综合调查   D. 吸引区调查

13. 日常计划是日常旅客运输计划的工作计划,根据年度计划任务,结合( )客流波动而编制。
    A. 日常   B. 客流旺季   C. 日常和节假日   D. 客流高峰期

14. 旅客周转量是指一定时期内,( )所完成的旅客人公里数。
    A. 车站或车务段
    B. 一个省(自治区)
    C. 车站、铁路局或全路
    D. 铁路局或全路

15. ( )不属于客流的主要组成要素。
    A. 流程   B. 成分   C. 流量   D. 流向

16. 为方便旅客和便于工作,凡北京站和上海站始发的各次特、直快列车车厢号均( )。
    A. 无顺序安排要求
    B. 小号在前、大号在后
    C. 大号在前、小号在后
    D. 由中国铁路总公司定

17. 非北京站和上海站到发的各次特、直快列车车厢顺序号,均以担当局始发站发车方向为准,( )。
    A. 无顺序安排要求
    B. 小号在前、大号在后
    C. 大号在前、小号在后
    D. 由有关局事先商定后报中国铁路总公司

18. 春运期间民工团体旅客109人购票,( )优惠。
    A. 6人   B. 5人   C. 4人   D. 没有

19. 按客流性质,客流图可分为直通、管内、( )三种。
    A. 市郊   B. 区段   C. 小运转   D. 旅游

20. 旅客运输统计结算时间为( )点。
    A. 12   B. 18   C. 20   D. 24
21. 客流综合调查每( )进行一次。
    A. 一季度   B. 半年   C. 两年   D. 一年
22. "以上"、"以下"、"以内"、"以外"、"以前"、"以后"在《铁路客运运价规则》中的含义( )。
    A. 均包括本数
    B. 均不包括本数
    C. 以上、以下包括本数,以内、以外、以前、以后不包括本数
    D. 以上、以下不包括本数,以内、以外、以前、以后包括本数
23. "超过"、"大于"、"不满"、"小于"、"不足"、"不够"在《铁路客运运价规则》中的含义( )。
    A. 均包括本数
    B. 均不包括本数
    C. 超过、大于包括本数,不满、小于、不足、不够不包括本数
    D. 超过、大于不包括本数,不满、小于、不足、不够包括本数

三、问答题

1. 什么是客流？客流构成要素有哪些？

2. 客流是如何分类的？

3. 简述旅客列车的种类及车次。

4.客流调查形式有哪些?

5.列车旅客密度表的用途有哪些?

项目七 客运站工作组织

一、判断题（对的打"√"，错的打"×"）

1. 始发车提前 20 分钟开始检票。   （ ）
2. 中间站提前 10 分钟开始检票。   （ ）
3. 列车晚点 10 分钟应播放致歉词。   （ ）
4. 电话订票仅受理持居民身份证的。   （ ）
5. 客车给水的上水胶管一般为 25m 长。   （ ）

二、问答题

1. 客运站的主要任务有哪些？

2. 客运站的主要设备有哪些？

3. 简述流线组织原则和流线疏解的基本方式。

4. 售票处、售票窗口的设备和资料有哪些?

5. 简述电子售票、退票的作业程序。

6. "三要四心五主动"是指什么?

项目八 旅客列车工作组织

一、判断题(对的打"√",错的打"×")

1. 乘务员出乘前必须充分休息,严禁在出乘前和工作中饮酒。( )
2. 列车途中临时停车时旅客可以下车。( )
3. 列车晚点要及时通告,超过 30 分钟时,列车长要代表铁路通过广播向旅客致歉。( )
4. 列车晚点要及时通告,超过 15 分钟时,列车长要代表铁路通过广播向旅客致歉。( )
5. 干粉灭火器是列车上常用的灭火器。( )
6. 动车组乘务组由五乘人员组成。( )
7. 列车员在列车始发、终到时,面向站台致注目礼。( )
8. 列车乘务员进包房前,先敲门,不经允许也可进入包房。( )
9. 女乘务员可以披肩发,浓妆上岗。( )
10. 夏季乘务员可以着人字拖上岗。( )
11. 列车运行中乘务员可以陪同客人在餐车就餐。( )

二、问答题

1. 简述旅客列车乘务组的组成及分工。

2. 简述动车组旅客列车乘务组的组成及分工。

3.乘务组的乘务形式有哪些?

4.乘务组的主要工作是什么?

5.旅客列车安全设备有哪些?

6.乘务员的仪容仪表要求有哪些？

第二部分 习题参考答案

项目一 发售车票

一、判断题

1. ×	2. √	3. ×	4. √	5. ×	6. ×	7. √	8. √	9. √	10. √
11. √	12. √	13. √	14. √	15. √	16. ×	17. √	18. √	19. √	20. √
21. √	22. √	23. √	24. √	25. √	26. √	27. √	28. √	29. √	30. ×
31. √	32. √	33. √	34. √	35. √	36. √	37. ×	38. √	39. √	40. √
41. √	42. √	43. √	44. √	45. √	46. √	47. √	48. √	49. √	50. √
51. √	52. √	53. √	54. √	55. √	56. √	57. √	58. √	59. √	60. √
61. √	62. √	63. √	64. √	65. √	66. √	67. √	68. √	69. √	70. ×
71. √	72. √	73. √	74. √	75. √	76. √	77. √	78. √	79. √	80. √
81. √	82. ×	83. √	84. √	85. √	86. √	87. √	88. √	89. √	90. √
91. ×	92. √	93. √	94. ×	95. √	96. √	97. √	98. √	99. √	100. √
101. √	102. √	103. √	104. √	105. ×	106. √	107. √	108. √	109. √	110. √
111. √	112. √	113. √	114. √	115. ×	116. √	117. ×	118. √	119. √	120. ×
121. √	122. √	123. √	124. √	125. √	126. √	127. √	128. √	129. √	130. √
131. √	132. √	133. √	134. √	135. √	136. √	137. √	138. √	139. √	140. √
141. √	142. ×	143. ×	144. √	145. √	146. √	147. √	148. √	149. √	150. √
151. √	152. √	153. √	154. √	155. √	156. √	157. √	158. √	159. √	160. √
161. √	162. ×	163. √	164. √	165. √	166. √	167. √	168. √	169. √	170. √
171. ×	172. √	173. √	174. √	175. √	176. √	177. ×	178. √	179. ×	180. √
181. √	182. √	183. √	184. √	185. √	186. √	187. √	188. √	189. √	190. √
191. √	192. ×	193. √	194. √	195. ×	196. ×	197. √	198. √	199. √	200. ×
201. √	202. √	203. √	204. √	205. ×	206. √	207. √	208. √	209. √	210. √

二、选择题

1. C	2. D	3. C	4. D	5. D	6. B	7. B	8. C	9. B	10. B
11. A	12. A	13. B	14. A	15. A	16. B	17. A	18. C	19. B	20. A
21. C	22. A	23. B	24. D	25. B	26. D	27. C	28. B	29. A	30. A
31. B	32. B	33. B	34. C	35. B	36. A	37. B	38. C	39. B	40. B

41. C	42. B	43. A	44. B	45. C	46. A	47. A	48. D	49. D	50. B
51. D	52. C	53. A	54. D	55. D	56. A	57. D	58. B	59. B	60. A
61. D	62. C	63. D	64. A	65. B	66. A	67. B	68. D	69. B	70. D
71. A	72. D	73. A	74. B	75. D	76. C	77. C	78. A	79. A	80. B
81. C	82. B	83. B	84. A	85. C	86. C	87. A	88. C	89. B	90. B
91. B	92. B	93. C	94. B	95. B	96. D	97. C	98. A	99. C	100. A
101. C	102. A	103. C	104. B	105. B	106. B	107. D	108. B	109. B	110. A
111. D	112. D	113. A	114. B	115. C	116. C	117. C	118. D	119. B	120. C
121. A	122. B	123. C	124. C	125. B	126. A	127. C	128. C	129. B	130. C
131. B	132. D	133. D	134. D	135. C	136. D	137. D	138. C	139. C	140. D
141. D	142. A	143. B	144. C	145. A	146. C	147. B	148. D	149. C	150. B
151. C	152. D	153. D	154. B	155. D	156. B	157. C	158. C	159. D	160. C
161. A	162. D	163. B	164. B	165. C	166. C	167. D	168. C	169. C	170. D
171. B	172. B	173. B	174. A	175. D	176. C	177. C	178. C	179. D	180. A
181. C	182. C	183. C	184. B	185. B	186. A	187. B	188. B	189. D	190. B
191. C	192. D	193. B	194. C	195. D	196. A	197. A	198. A	199. D	200. D
201. B	202. B	203. C	204. B	205. C	206. A	207. B			

三、问答题

1. 何谓承运人？承运人有哪些基本权利和义务？

答：与旅客或托运人签有运输合同的铁路运输企业，铁路车站、列车及与运营有关人员在执行职务中的行为代表承运人。

权利：

(1)依照规定收取运输费用；

(2)要求旅客遵守国家法令和铁路规章制度，保证安全；

(3)对损害他人利益和铁路设备、设施的行为有权制止、消除危险和要求赔偿。

义务：

(1)确保旅客运输安全正点；

(2)为旅客提供良好的旅行环境和服务设施，不断提高服务质量，文明礼貌地为旅客服务；

(3)对运送期间发生的旅客身体损害予以赔偿；

(4)对运送期间因承运人过错造成的旅客随身携带物品损失予以赔偿。

2. 何谓旅客？旅客有哪些基本权利和义务？

答：持有铁路有效乘车凭证的人和同行的免费乘车儿童，根据铁路货物运输合同押运货物的人视为旅客。

权利：

(1)依据车票票面记载的内容乘车；

(2)要求承运人提供与车票等级相适应的服务并保障其旅行安全；

(3)对运送期间发生的身体损害有权要求承运人赔偿；

(4)对运送期间因承运人过错造成的随身携带物品损失有权要求承运人赔偿。

义务：

（1）支付运输费用，当场核对票、款，妥善保管车票，保持票面信息完整可识别；

（2）遵守国家法令和铁路运输规章制度，听从铁路车站、列车工作人员的引导，按照车站的引导标志进、出站；

（3）爱护铁路设备、设施，维护公共秩序和运输安全；

（4）对所造成铁路或者其他旅客的损失予以赔偿。

3. 何谓托运人？

答：委托承运人运输行李或小件货物并与其签有行李包裹运输合同的人。

4. 何谓收货人？

答：凭有效领取凭证领收行李、包裹的人。

5. 何谓直达票？

答：从发站至到站不需中转换乘的车票。

6. 何谓通票？

答：从发站至到站需中转换乘的车票。

7. 何谓改签？

答：旅客变更乘车时期、车次、席（铺）位时需办理的签证手续。

8. 何谓等级？

答：同等距离以承运人提供的乘车条件不同确定。

9. 何谓动车组？

答：指运行速度在 200km 及其以上的列车。

10. 什么是铁路旅客运输合同？该合同的基本凭证是什么？

答：铁路旅客运输合同是明确承运人与旅客之间权利义务关系的协议。起运地承运人依据本规程订立的旅客运输合同对所涉及的承运人具有同等约束力。铁路旅客运输合同的基本凭证是车票。

11. 车票票面主要应当载明哪些内容？

答：车票票面（特殊票种除外）主要应当载明：

①发站和到站站名；

②座别、卧别；

③径路；

④票价；

⑤车次；

⑥乘车日期；

⑦有效期。

12. 客票的发售规定有哪些？

答：（1）在有运输能力的情况下，承运人或销售代理人应按购票人的要求发售车票；

（2）发售软座客票时最远至本次列车终点站；

（3）旅客在乘车区间中，要求一段乘坐硬座车，一段乘坐软座车时，全程发售硬座客票。乘坐软座时，另收软座区间的软硬座票价差额；

（4）动车组列车车票最远只发售至本次列车终点站。

13. 加快票的发售规定有哪些？

答:(1)旅客购买加快票必须有软座或硬座客票;

(2)发售加快票的到站,必须是所乘快车或特别快车的停车站;

(3)发售需要中转换车的加快票的中转站还必须是有同等级快车始发的车站。

14. 空调票的发售规定有哪些?

答:(1)旅客乘坐提供空调的列车时,应购买相应等级的车票或空调票;

(2)旅客在全部旅途中分别乘坐空调车和普通车时,可发售全程普通硬座车票,对乘坐空调车区段另行核收空调车与普通车的票价差额。

15. 享受儿童票的条件及减价票种有哪些?

答:(1)身高满1.2m不超过1.5m的儿童与大人同行;

(2)减价票种为半价的客票、加快票及空调票。

16. 儿童票的办理限制有哪些?

答:(1)承运人一般不接受儿童单独旅行(乘火车通学的学生和承运人同意在旅途中监护的除外);

(2)儿童票的座别应与成人车票相同,其到站不得远于成人车票的到站;

(3)通学的学生不论身高多少都应买学生票;

(4)身高超过1.5m的儿童应买全价车票。

17. 儿童免费乘车的规定有哪些?

答:每一成人旅客可免费携带一名身高不足1.2m的儿童免费乘车,但该名儿童不能占用座位,超过一名时,超过人数应买儿童票。

18. 儿童乘坐卧铺的规定有哪些?

答:(1)身高不够1.2m的免费儿童单独使用卧铺时,只买全价卧铺票,有空调时,还应购买半价空调票;

(2)身高1.2~1.5m儿童单独使用卧铺时,应买儿童票及全价卧铺票;

(3)成人带儿童或儿童与儿童可共用一个卧铺。

19. 哪些人员可以购买学生票?

答:在普通大专院校(含国家教育主管部门批准有学历教育资格的民办大学),军事院校,中、小学和中等专业学校、技工学校就读,没有工资收入的学生、研究生,家庭居住地和学校不在同一城市时,凭附有加盖院校公章的减价优待证的学生证(小学生凭书面证明),每年可享受家庭至院校(实习地点)之间四次单程学生票。

20. 哪些情况不能发售学生票?

答:(1)学校所在地有学生父或母其中一方时;

(2)学生因休学、复学、转学、退学时;

(3)学生往返于学校与实习地点时;

(4)学生证未按时办理学校注册的;

(5)学生证优惠乘车区间更改但未加盖学校公章的;

(6)没有"学生火车票优惠卡"、"学生火车票优惠卡"不能识别或者与学生证记载不一致的。

21. 伤残军人减价票的购买条件、购票凭证及减价票种有哪些?

答:(1)购买条件:中国人民解放军、中国人民武装警察部队和人民警察因伤致残的人员;

(2)购票凭证:"中华人民共和国残疾军人证"、"中华人民共和国伤残人民警察证";

(3)减价票种:半价的硬座、软座客票及附加票。

22.什么是团体旅客?团体旅客车票的发售规定有哪些?

答:20人以上乘车日期、车次、到站、座别相同的旅客可作为团体旅客。

(1)应优先安排,满20人时,给予免收一人优惠,20人以上,每增加10人,再免收1人,但春运期间(起止日期以春运文件为准)不予优惠。

(2)优惠时,团体旅客中有分别乘坐座、卧车或成人、儿童同一团体时按其中票价高的免收。

23.遇有哪些情况时需要填写代用票?

答:(1)计算机或移动售票机发生故障时。

(2)办理团体旅客乘车。

(3)包车。

(4)旅行变更。

(5)承运人误撕车票重新补办车票。

(6)误售、误购车票补收差价。

(7)旅客提前乘车时。

24.什么是票额共用?票额共用的形式有哪些?

答:所谓"票额共用"是指某个车站的票额,允许被列车运行径路前方多个车站使用,旅客根据需要选择乘车站购票,并按票面指定乘车站乘车。

票额共用分以下三种形式:

(1)管内票额共用:是指在铁路局管内规定的车站,在规定的时间内可发售本次列车的票额。如果管内有票额的车站票额未发售完,列车对剩余票额在列车驶出本局后根据《乘车人数通知单》的附表可以发售剩余的席位。

(2)全程票额共用:是指在中国铁路总公司规定时间内沿途车站可发售本次列车的票额叫作全程票额共用。这种情况下列车上全程不允许发售空余的席位。

(3)指定车次、指定车站票额共用:是指铁路局对指定车次、指定车站实行的票额共用。

25.什么是席位复用?席位复用形式有哪些?

答:所谓"席位复用"是指客票系统席位售出后,再次生成从售到站至原限售站的新席位,使列车能力再次利用。

席位复用可分为一次复用(售出席位只裂解一次)和全程复用(售出席位可裂解多次)。

全程席位复用就是指一个席位可以全程多个车站多次重复使用。只有是复用站的车站才有席位复用的权利,不是复用站的车站席位不能复用。复用站是指始发和有票额的车站发售至旅客的到站,该站就是复用站。列车可在复用站席位没有复用的情况下凭《乘车人数通知单》的附表确认后可以发售。

26.卧铺票的发售方法有哪些?

答:(1)旅客购买卧铺票必须有软座或硬座客票,乘快车时还应有加快票,乘空调车时还应有空调票。

(2)旅客购买卧铺票时,卧铺票的到站、座别必须与客票的到站、座别相同,但对持通票的旅客,卧铺票只发售到中转站。

27.旅客要求退票时,应如何办理?

答:旅客要求退票时,应按下列规定办理,核收退票费:

(1)旅客退票可以在任意站办理。

(2)在发站开车前,特殊情况也可在开车后2小时内,退还全部票价。团体旅客必须在开车48小时以前办理。

(3)旅客开始旅行后不能退票。但如因伤、病不能继续旅行时,经站、车证实,可退还已收票价与已乘区间票价差额。已乘区间不足起码里程时,按起码里程计算;同行人同样办理。

(4)退还带有"行"字戳迹的车票时,应先办理行李变更手续。

(5)因特殊情况经站长同意在开车后2小时内改签的车票不退。

(6)站台票售出不退。

市郊票、定期票、定额票的退票办法由铁路运输企业自定。

必要时,铁路运输企业可以临时调整退票办法。

28.因承运人责任致使旅客退票时,应如何办理?

答:因承运人责任致使旅客退票时,应按下列规定办理,不收退票费:

(1)在发站,退还全部票价。

(2)在中途站,退还已收票价与已乘区间票价差额,已乘区间不足起码里程时,退还全部票价。

(3)在到站,退还已收票价与已使用部分票价差额。未使用部分不足起码里程按起码里程计算。

(4)空调列车因空调设备故障在运行过程中不能修复时,应退还未使用区间的空调票价。

29.发生线路中断,旅客要求退票时,应如何办理?

答:发生线路中断,旅客要求退票时,在发站(包括中断运输站返回发站的)退还全部票价,在中途站退还已收票价与已乘区间票价差额,不收退票费,但因违章加收的部分和已使用至到站的车票不退。如线路中断系承运人责任时,应按铁路责任退票办法处理。

30.什么是客运杂费?客运杂费的收费项目及收费标准有哪些?

答:客运杂费是指在铁路运输过程中,除去旅客车票票价、行李包裹运价、特定运价以外,铁路运输企业向旅客、托运人、收货人提供的辅助作业、劳务及物耗等所收的费用。客运杂费的收费项目及收费标准见下表:

客运杂费的收费项目及收费标准

	收费项目	计费条件	收费标准	备 注
1	站台票		1元/张	
2	手续费	列车上补卧铺	5元/人次	同时发生按最高标准收一次手续费
		其他	2元/人次	
3	退票费	按每张车票面额计算	5% 四舍五入到元	票价2元以下的不退
4	送票费	送到集中送票点	3元/人次	
		送到旅客手中	5元/人次	
5	货签费		0.25元/个	
6	安全标志费		0.20元/个	
7	行李、包裹变更手续费	装车前	5元/票次	
		装车后	10元/票次	

续上表

收费项目		计费条件	收费标准	备注
8	行李、包裹查询费	行李、包裹交付后,旅客或收货人还要求查询时	5 元/票次	
9	行李、包裹装卸费	从行李房收货地点至装上行李车,或从行李车卸下至交付地点,各为一次装卸作业	2 元/件次	超过每件规定重量的按其超重倍数增收
10	行李、包裹保管费	超过免费保管期限,每日核收	3 元/件	超过每件规定重量的按其超重倍数增收
11	行李、包裹搬运费	从车站广场停车地点至行包房办理处或从行包交付处搬运至广场停车地点各为一次搬运作业;由汽车搬上、搬下时,每搬一次,另计一次搬运作业	1 元/件次	超过每件规定重量的按其超重倍数增收
12	行李、包裹接取、送达费	接取、送达各为一次作业,每 5km(不足 5km 按 5km 计算)核收	5 元/件次	超过每件规定重量的按其超重倍数增收
13	携带品搬运费	从广场停车地点搬运至站台或从站台搬运至广场停车地点各为一次搬运作业。由火车、汽车搬上、搬下时,每搬一次,另计一次搬运作业	2 元/件次	每件重量以 20kg 为限,超重时按其超重倍数增收
14	携带品暂存费	每日核收	3 元/件次	每件重量以 20kg 为限,超重时按其超重倍数增收

31. 什么是特定运价?特定运价的种类有哪些?

答:特定运价是对一些特殊运输方式和特殊运价区段而特定的客运运价。

(1)包车、租车、挂运、行驶等运价的计价规定;

(2)国家铁路、合资铁路、地方铁路及特殊运价区段间办理直通过轨运输的计价规定。

32. 什么是接算站?接算站的种类有哪些?

答:所谓接算站,就是为了将发、到站间跨及两条以上不同的线路衔接起来,进行里程加总计算票价和运价所规定的接算衔接点。

接算站分以下种类:

(1)大多数接算站是两条及其以上线路相互衔接的接轨站。

(2)部分接算站是接轨站附近的城市所在站。

(3)个别接算站是在同一城市无线路衔接的车站作为零公里接算站。

33. 旅客票价的构成要素有哪些?

答:(1)基本票价率与票价比例关系。

(2)旅客票价里程区段。

(3)递远递减率。

34. 行包运价的构成要素有哪些?

答:(1)运价率及比例关系。

行李运价率,根据惯例及各交通部门通用的计价方法为:每 100kg·km 行李运价率等于 1 人·km 的硬座基本票价,即行李运价率为硬座票价率的 1%。

包裹运价率,以三类包裹运价率 0.001518 元/kg·km 为基准,其他各类包裹运价率则按其加成或减成的比例确定。

(2)行包计价里程。

(3)递远递减率。

(4)计费重量。

35.行李、包裹运费的核收规定有哪些?

答:(1)运价里程

①行李:行李运价里程,按实际运送径路计算。

②包裹:包裹运价里程,按最短径路计算,有指定径路时,按指定径路计算。

③押运包裹:押运包裹的运价里程按实际运送径路计算。

④一段行李、一段包裹:超过车票终到站以远的行李应分别按行李、包裹计费径路计算。

(2)计费重量

①行李、包裹均按物品重量计算运费,但有规定计价重量的物品按规定重量计价。

②行李、包裹运价的计价重量以 1kg 为单位,不足 5kg 按 5kg 计算,超过 5kg 时,不足 1kg 的尾数进为 1kg。

③旅客托运的行李重量在 50kg 以内,按行李运价计算,超过 50kg 时(行李中有残疾人用车时为 75kg),对超过部分按行李运价加倍计算。

(3)运费计算

①旅客凭一张客票只能托运一次行李(残疾人托运残疾人用车不限托运次数),第二次托运行李时,不论第一次重量多少,都按包裹运价计算。

②旅客托运行李至客票到站以远的车站时,应分别按行李和包裹运价计算,加总核收。不足起码运费时,分别按起码运费加总计算。

③类别不同的包裹混装为一件时,按其中运价高的计算。

④行李、包裹运费按每张票据计算,起码运费为 1 元。

四、综合题

1.2015 年 3 月 1 日,一旅客在安广站购买 K7302 次(白城—长春,快速)旅客列车车票,终点站为长春,在长春站换乘至沈阳,要求全程购买软座快速车票。请问安广站应如何发售?

解:(1)发售方法:

根据规定软座票只发售至长春站,应全程发售硬座票,另收软座区间软硬座票价差。

因长春是向沈阳方向的快速列车始发站,沈阳是快速列车的停车站,故可发售全程快速票。

(2)查找里程表、票价表:

安广　558km　沈阳

　　　　　　硬座票价:32.00 元

　　　　　　快速票价:12.00 元

安广　255km　长春

　　　　　　硬座票价:24.50 元

　　　　　　软座票价:44.50 元

　　　　　　空调票价:6.00 元

　　　　　　差价:44.50 - 24.50 + 6 = 26.00 元

　　　　　　全程快速票价:32.00 + 26.00 + 12.00 = 70.00 元

2.2015年3月2日,一学生持大连至沈阳的学生优待证要求购买当日 T261 次(大连—哈尔滨,空调特快)大连至蔡家沟的硬座客特快学生票。请问大连站应如何发售?

解:根据规定超过学生证记载区间乘车按一般旅客办理,分段计费。

大连　<u>397km</u>　沈阳

     新空硬座半价:17.50元
     新空特快半价:6.00元
     新空空调半价:4.00元

沈阳　<u>465km</u>　哈尔滨

     新空硬座全价:42.00元
     新空特快全价:16.00元
     新空空调全价:11.00元
     新空客票合计:17.50+42.00=59.50元
     新空特快合计:6.00+16.00=22.00元
     新空空调合计:4.00+11.00=15.00元
     总计:59.50+22.00+15.00=96.50元

3.2015年3月2日,在 K598/599 次(包头—广州,空调快速),邢台到站时列车交下一急病旅客,需住院治疗,该旅客持该次列车北京西至广州的空调硬座客快速卧(下)车票办理退票手续,请问邢台站应如何处理?

解:处理方法:旅客开始旅行后不能退票。但因旅客伤、病不能继续旅行时,经站、车证实,可退还已收票价与已乘区间票价差额。已乘区间不足起码里程时,按起码里程计算。北京西—邢台卧铺不足400km按400km计算。

北京西　<u>2294km</u>　广州

   已收票价　新空硬座客特快卧(下)票价:456.00元

北京西　<u>390km</u>　邢台

   应收票价　新空客快速票价:54.50元
     新空卧铺票价:54.00元
     合计:108.50元
     退差价:456.00-108.50=347.50元
     退票费:347.50×20%=69.50元
     净退:347.50-69.50=278.00元

4.2015年3月2日,在 K598/599 次(包头—广州,空调快速),邢台到站后一旅客持列车长编制的15号硬卧车厢因燃轴甩下的客运记录和该次列车北京西至广州的空调硬座客快速卧(下)车票要求办理退票手续,请问邢台站应如何处理?

解:处理方法:由于铁路责任在中途站中止旅行,退还已收票价与已乘区间的票价差额,已乘区间不足起码里程时,退还全部票价。

北京西　<u>2294km</u>　广州

   已收票价　新空硬座客快速卧(下)票价:456.00元

北京西　<u>390km</u>　邢台

   应收票价　新空硬座客快速票价:54.50元
     卧铺已乘区间不足起码里程时应退还全部票价

净退:456-54.50=401.50 元

5. 2015 年 3 月 2 日,T18 次(牡丹江—北京,经京哈线,新型空调车)列车在沈阳北到站前验票发现硬座车一学生无票乘车,持北京—哈尔滨有效的学生证,请问列车应如何处理?

解:处理依据:符合减价优待条件的学生无票乘车时,除按规定补收自乘车站起至到站止车票票价,核收手续费以外,并须加收已乘区间应补票价 50% 的票款,同时应在减价优待证上登记盖章,作为登记一次乘车次数。

票价计算:

哈尔滨 <u>1249km</u> 北京

应收票价　新空硬座半价票价:47.00 元
　　　　　新空硬座特快半价票价:18.00 元
　　　　　新空硬座空调半价票价:11.50 元
　　　　　小计:47.00+18.00+11.50=76.5 元

加收票价　哈尔滨 <u>546km</u> 沈阳北
　　　　　新空硬座半价票价:23.00 元
　　　　　新空硬座特快半价票价:9.00 元
　　　　　新空硬座空调半价票价:5.50 元
　　　　　小计:23.00+9.00+5.50=37.5 元
　　　　　加收应补票价 50%:37.5×50%=19.00 元
　　　　　手续费:2.00 元
　　　　　合计:76.50+19.00+2.00=97.5 元

项目二 旅客运输

一、判断题

1. √   2. √   3. ×   4. √   5. √   6. ×   7. √   8. ×   9. √   10. ×
11. ×   12. ×   13. √   14. √   15. ×   16. √   17. √   18. √   19. √   20. ×
21. √   22. √   23. √   24. ×   25. √   26. √   27. √   28. √   29. ×   30. √
31. √   32. √   33. √   34. ×   35. √   36. √   37. ×   38. √   39. ×   40. √
41. √   42. √   43. √   44. √   45. ×   46. √   47. √   48. √   49. √   50. ×
51. √   52. √   53. √   54. √   55. √   56. √   57. ×   58. √   59. √   60. √
61. ×   62. √   63. ×   64. √   65. ×   66. √   67. √   68. √   69. √   70. √
71. √   72. ×   73. √   74. √   75. √   76. √   77. √   78. ×   79. √   80. √
81. √   82. ×   83. √   84. √   85. √   86. √   87. ×   88. ×   89. √   90. √
91. √   92. √   93. ×   94. √   95. √   96. √   97. √   98. ×   99. √   100. √
101. √ 102. √ 103. √ 104. √ 105. √ 106. × 107. √ 108. √ 109. √ 110. √
111. √ 112. √ 113. √ 114. √ 115. × 116. × 117. × 118. × 119. √ 120. √
121. √ 122. √ 123. √ 124. × 125. √ 126. √ 127. √ 128. × 129. × 130. √
131. √ 132. √ 133. √ 134. √ 135. × 136. √ 137. √ 138. √ 139. √ 140. √
141. × 142. √ 143. √ 144. √ 145. √ 146. √ 147. √ 148. √ 149. √ 150. ×
151. √ 152. √ 153. √ 154. √ 155. × 156. √ 157. √ 158. × 159. √ 160. √
161. √ 162. √ 163. √ 164. √ 165. × 166. √ 167. √ 168. √ 169. √ 170. ×
171. √ 172. √ 173. √ 174. √ 175. × 176. × 177. √ 178. √ 179. √ 180. √
181. √ 182. √ 183. √ 184. × 185. × 186. √ 187. × 188. √ 189. √ 190. √
191. × 192. √

二、选择题

1. B   2. D   3. C   4. C   5. B   6. C   7. D   8. B   9. A   10. B
11. A   12. B   13. A   14. A   15. C   16. B   17. A   18. B   19. A   20. B
21. D   22. B   23. C   24. C   25. B   26. C   27. D   28. D   29. B   30. A
31. A   32. B   33. C   34. B   35. D   36. B   37. B   38. C   39. B   40. C
41. A   42. A   43. D   44. B   45. A   46. D   47. C   48. C   49. B   50. C
51. B   52. B   53. A   54. C   55. D   56. D   57. A   58. C   59. B   60. A
61. D   62. A   63. C   64. D   65. A   66. B   67. B   68. A   69. D   70. C
71. B   72. A   73. D   74. C   75. B   76. B   77. A   78. A   79. C   80. B
81. D   82. B   83. D   84. D   85. C   86. C   87. D   88. C   89. C   90. B

91. C　92. C　93. B　94. C　95. A　96. A　97. A　98. A　99. A　100. A
101. D　102. D　103. D　104. B　105. C　106. D　107. A　108. D　109. C　110. D
111. A　112. C　113. C　114. A　115. C　116. B　117. C　118. A　119. B　120. B
121. C　122. D　123. B　124. B　125. B　126. A　127. C

三、问答题

1. 车票有效期的规定有哪些？

答：(1)直达票当日当次有效，但下列情形除外：

①全程在铁路运输企业管内运行的动车组列车车票有效期由企业自定。

②有效期有不同规定的其他票种。

(2)通票的有效期按乘车里程计算：1000km 为 2 日，超过 1000km 的，每增加 1000km 增加 1 日，不足 1000km 的尾数按 1 日计算；自指定乘车日起至有效期最后一日的 24 时止。

2. 遇有哪些情况可延长通票的有效期？

答：(1)因列车满员、晚点、停运等原因，使旅客在规定的有效期内不能到达站时，车站可视实际需要延长通票的有效期。延长日数从通票有效期终了的次日起计算。

(2)旅客因病中途下车、恢复旅行时，在通票有效期内，出具医疗单位证明或经车站证实时，可按医疗日数延长有效期，但最多不超过 10 天；卧铺票不办理延长，可办理退票手续；同行人同样办理。

3. 旅客乘车的基本条件有哪些？

答：(1)旅客须按票面载明的日期、车次、席别乘车，并在票面规定有效期内到达到站。

持通票的旅客中转换乘时，应当办理中转签证手续。

(2)持通票的旅客在乘车途中有效期终了、要求继续乘车时，应自有效期终了站或最近前方停车站起，另行补票，核收手续费。定期票可按有效使用至到站。

(3)对乘坐卧铺的旅客，列车可以收取车票并予集中保管。收取车票时，应当换发卧铺证；旅客下车前，凭卧铺证换回车票。

成人带儿童或儿童与儿童可共用一个卧铺。

(4)除特殊情况并经列车长同意的外，持低票价席别车票的旅客不能在高票价席别的车厢停留。

(5)烈性传染病患者、精神病患者或健康状况危及他人安全的旅客，站、车可以不予运送；已购车票按旅客退票的有关规定处理。

4. 什么是改签？改签车票应如何办理？

答：旅客变更乘车日期、车次、席(铺)位时需办理的签证手续为改签。改签车票应分情况按以下程序办理：

(1)旅客不能按票面指定的日期、车次乘车时，应当在票面指定的日期、车次开车前办理一次提前或推迟乘车签证手续，特殊情况经站长同意可在开车后 2 小时内办理。持动车组列车车票的旅客改乘当日其他动车组列车时不受开车后 2 小时内限制。团体旅客不应晚于开车前 48 小时。

在车站售票预售期内且有运输能力的前提下，车站应予办理，收回原车票，换发新车票，并在新车票票面注明"始发改签"字样(特殊情况在开车后改签的注明"开车后改签不予退票"字样)；原车票已托运行李的，在新车票背面注明"原票已托运行李"字样并加盖站名戳。必要时,铁路运输企业可以临时调整改签办法。

(2)旅客在发站办理改签时,改签后的车次票价高于原票价时,核收票价差额;改签后的车次票价低于原票价时,退还票价差额。

(3)旅客办理中转签证或在列车上办理补签、变更席(铺)位时,签证或变更后的车次、席(铺)位票价高于原票价时,核收票价差额;签证或变更后的车次、席(铺)位票价低于原票价时,票价差额部分不予退还。

5. 因承运人责任使旅客不能按票面记载的日期、车次、座别、铺别乘车时,站、车应如何安排?

答:因承运人责任使旅客不能按票面记载的日期、车次、座别、铺别乘车时,站、车应重新妥善安排。重新安排的列车、座席、铺位高于原票等级时,超过部分票价不予补收。低于原票等级时,应退还票价差额,不收退票费。

6. 如何办理变径?

答:持通票的旅客在中转站和列车上要求变更径路时,必须在通票有效期能够到达到站时方可办理。办理时,原票价低于变径后的票价时,应补收新旧径路里程票价差额,核收手续费;原票价高于或相当于变更后的径路票价时,持原票乘车有效,差额部分(包括列车等级不符的差额)不予退还。

7. 什么是越站乘车?哪些情况不能办理越站乘车?

答:越站乘车是指旅客原票即将到站,由于旅行计划的变更,要求超越原票到站至新到站的乘车。

遇下列情况不能办理越站乘车:

(1)在列车严重超员的情况下。

(2)乘坐卧铺的旅客买的是给中途站预留的铺位时。

(3)乘坐的是回转车,途中需要甩车时。

8. 越站的处理方法有哪些?

答:(1)越站乘车意味着另一旅行计划的开始,所以办理时,应核收越站区间的票价和手续费,但最远不超过本次列车的终点站。

(2)越站同时变座、变铺、补卧时,先越站后变更,其他情况同时越站时,先变更后越站。

(3)同一城市内有两个以上的车站,旅客由于不明情况,发生越站乘车时,如票价相同,原票按有效处理;票价不同时,只办理客票越站,附加票可按有效使用至到站。

(4)越站乘车的有效期是从办理站至新到站里程重新计算。

9. 什么是旅客分乘?旅客分乘的处理方法有哪些?

答:凡两名以上旅客使用一张代用票,要求分票乘车时,称为旅客分乘。站、车应予以办理。旅客分乘的处理方法如下:

(1)分乘同时变座时,先分乘后变座;分乘同时变径时,先分乘后变径;分乘同时越站时,先分乘后越站。

(2)旅客提出要求办理分乘时,都应按旅客提出分票乘车的张数,换发代用票,收回原票,并按分票的张数核收手续费。

(3)团体旅客办理分乘,不够团体条件时对减免旅客应从票面始发站重新补票。

10. 误售、误购对车票的处理方法有哪些?

答:对误售、误购车票,应按下列规定补收或退还已收票价与正当票价的差额,不收手续费或退票费。

(1)在发站:收回原票,换发新票。

(2)在中途站、原票到站、列车内:

①应补票价时,收回原票,换发代用票,补收应收与已收的票价差额。

②应退票价时,站、车应编客运记录,连同原票交旅客,作为乘车至正当到站要求退还票价差额的凭证,并以最方便的列车将旅客运送至正当到站。

11. 误售、误购或误乘对旅客是怎样安排的?

答:(1)需送回时:列车长应编制客运记录交前方停车站。车站应在车票背面注明"误售(购)或误乘"加盖站名戳,指定最近列车(国际旅客列车除外)免费送回。

(2)在免费送回区间旅客不能中途下车,如中途下车,对往返乘车的免费区间,按返程所乘列车等级分别核收往返区间的票价,核收一次手续费。

12. 旅客丢失车票应如何处理?

答:(1)旅客丢失车票应另行购票。在列车上应自丢失站起(不能判明时从列车始发站起)补收票价,核收手续费。

(2)旅客补票后又找到原票时,列车长应编制客运记录交旅客,作为在到站出站前向到站要求退还后补票价的依据。退票核收退票费。

13. 不符合乘车条件的应如何处理?

答:(1)有下列行为时,除按规定补票,核收手续费以外,铁路运输企业有权对其身份进行登记,并须加收已乘区间应补票价50%的票款:

①无票乘车时,补收自乘车站(不能判明时自始发站)起至到站止车票票价。持失效车票乘车按无票处理。

②持用伪造或涂改的车票乘车时,除按无票处理外并送交公安部门处理。

③持站台票上车并在开车20分钟后仍不声明时,按无票处理。

④持用低等级的车票乘坐高等级列车、铺位、座位时,补收所乘区间的票价差额。

⑤旅客持半价票没有规定的减价凭证或不符合减价条件时,补收全价票价与半价票价的差额。

(2)有下列情况时补收票价,核收手续费:

①应买票而未买票的儿童按第十九条规定补收票价。身高超过1.5m的儿童使用儿童票乘车时,应补收儿童票价与全价票价的差额。

②持站台票上车送客未下车但及时声明时,补收至前方下车站的票款。

③主动补票或者经站、车同意上车补票的。

(3)下列情况只核收手续费,但已经使用至到站的除外:

①旅客在票面指定的日期、车次开车前乘车的,应补签。

②旅客所持车票日期、车次相符但未经车站剪口的,应补剪。

③持通票的旅客中转换乘应签证而未签证的,应补签。

14. 对无票乘车而又拒绝补票的人,应如何处理?

答:对无票乘车而又拒绝补票的人,列车长可责令其下车并应编制客运记录交县、市所在地车站或三等以上车站处理(其到站近于上述到站时应交到站处理)。车站对列车移交或本站发现的上述人员应追补应收和加收的票款,核收手续费。

15. 对违反国家法律、法规,在站内、列车内寻衅滋事、扰乱公共秩序的人,应如何处理?

答:对违反国家法律、法规,在站内、列车内寻衅滋事、扰乱公共秩序的人,站、车均可拒绝其上车或责令其下车;情节严重的送交公安部门处理;对未使用至到站的票价不予退还,并在票背面做相应的记载,运输合同即行终止。

16. 免费携带品的重量和体积各是多少?

答:儿童(含免费儿童)10kg,外交人员35kg,其他旅客20kg。

每件物品外部尺寸长、宽、高之和不超过160cm,杆状物品不超过200cm,但乘坐动车组列车不超过130cm;重量不超过20kg。

残疾人旅行时代步的折叠式轮椅可免费携带并不计入上述范围。

17. 哪些物品禁止带进站、带上车?

答:(1)国家禁止或限制运输的物品;

(2)法律、法规、规章中规定的危险品、弹药和承运人不能判明性质的化工产品;

(3)动物及妨碍公共卫生(包括有恶臭等异味)的物品;

(4)能够损坏或污染车辆的物品;

(5)超重或超大的物品。

18. 限量携带的物品有哪些?

答:(1)气体打火机5个、安全火柴20小盒。

(2)不超过20mL的指甲油、去光剂、染发剂,不超过100mL的酒精、冷烫精,不超过600mL的摩丝、发胶、卫生杀虫剂、空气清新剂。

(3)军人、武警、公安人员、民兵、猎人凭法规规定的持枪证明佩带的枪支子弹。

(4)初生雏20只。

19. 旅客违章携带物品应如何处理?

答:(1)在发站禁止进站上车。

(2)在车内或下车站,对超过免费重量的物品,其超重部分应补收四类包裹运费。对不可分拆的整件超重、超大物品、动物,按该件全部重量补收上车站至下车站四类包裹运费。

(3)发现危险品或国家禁止、限制运输的物品,妨碍公共卫生的物品,损坏或污染车辆的物品,按该件全部重量加倍补收乘车站至下车站四类包裹运费。危险物品交前方停车站处理;必要时移交公安部门处理。对有必要就地销毁的危险品应就地销毁,使之不能为害并不承担任何赔偿责任。

没收危险品时,应向被没收人出具书面证明。

(4)如旅客超重、超大的物品价值低于运费时,可按物品价值的50%核收运费。

(5)补收运费时,不得超过本次列车的始发和终点站。

20. 旅客遗失物品应如何处理?

答:(1)对旅客的遗失物品应设法归还原主。如旅客已经下车,应编制客运记录,注明品名、件数等移交下车站。不能判明时,移交列车终点站。

(2)客流量较大的车站应设失物招领处。失物招领处对旅客遗失物品应妥善保管,正确交付。遗失物品需通过铁路向失主所在站转送时,物品在5kg以内的免费转送;超过5kg时,到站按品类补收运费。

21. 什么是客运记录?客运记录的填写规定有哪些?

答:客运记录是指在旅客或行李、包裹运输过程中因特殊情况,承运人与旅客、托运人、收货人之间需记载某种事项或车站与列车之间办理业务交接的文字凭证。

(1)据实填写,事项齐全。编写的客运记录应内容准确、具体、详细、齐全、完整,如实反映情况,不得虚构、假想、臆测。如涉及旅客车票时,应有发到站、票号;涉及行李、包裹票时,除应有发到站、票号外,还应有旅客、发(收)货人姓名、单位、物品品名、数量、重量等,不得漏项。

(2)语言简练,书写清楚。记录语言要简明扼要,条理清楚,说明问题。字体要清楚,不潦草,不写自造简化字。

(3)客运记录应有顺序编号,加盖编制人名章。客运记录一式两份,一份交接收人,另一份由接收人签字后自己留存。对留存的应装订成册,妥善保管,以备存查,保管期限为一年。

22. 哪些情况列车需要填写客运记录?

答:(1)卧铺发售重号,列车应尽量安排同等席别的其他铺位,没有空位时,应编制客运记录交旅客,由到站退还卧铺票价,不收退票费;

(2)因承运人责任使旅客不能按票面记载的日期、车次、座别、铺别乘车时,站、车应重新妥善安排。重新安排的列车、座席、铺位低于原票等级时,应退还票价差额,不收退票费。在列车上发生时应编制客运记录;

(3)发生车票误售、误购,应退还票价时,站、车应编制客运记录交旅客,作为乘车至正当到站要求退还票价差额的凭证;

(4)旅客误乘列车或坐过了站,列车交前方停车站免费送回时;

(5)旅客丢失车票,另行购票或补票后又找到原票时,列车长应编制客运记录交旅客,作为在到站出站前向到站要求退还后补票价的依据;

(6)对无票乘车而又拒绝补票的人,列车长可责令其下车并编制客运记录交县、市所在地车站或三等以上车站处理(其到站近于上述到站时应交到站处理)时;

(7)在列车上,旅客因病不能继续旅行时,列车长应编制客运记录交中途有医疗条件的车站转送医院治疗时;

(8)因铁路责任,致使旅客在中途站办理退票,退还票价差额时;

(9)发现旅客携带国家禁止或限制运输的物品、危险品乘车,移交最近前方停车站或有关车站处理时;

(10)旅客携带品超过规定范围(危险品除外),无钱或拒绝补交运费,移交旅客到站或换车站处理时;

(11)向查找站或列车终到站转送旅客遗失品,与车站办理遗失物品交接手续时;

(12)旅客在列车内发生因病死亡,移交县、市所在地或较大车站处理时;

(13)列车内发现无人护送的精神病患者,移交到站或换车站处理时;

(14)因意外伤害(包括区间坠车),招致旅客伤亡,移交有关车站处理时;

(15)发现违章使用铁路职工乘车证,上报路局收入部门处理时;

(16)列车接到行、包托运人要求在发站取消托运,将行、包运回发站时;

(17)列车接到发站行李、包裹变更运输(包括行李误运)电报时,应编制客运记录,连同行李、包裹和运输报单,交前方营业站或运至新到站(需中转时,移交前方中转站继续运送),旅客在列车上要求变更时,同样办理;

(18)列车上发现装载的行李、包裹品名不符,或实际重量与票面记载的重量不符,移交到站或前方停车站处理时;

(19)列车对已装运的无票运输行李、包裹,应编制客运记录,交到站处理时;

(20)列车内发现旅客因误购、误售车票而误运行李时,如其托运的行李在本列车装运,应

编制客运记录,交前方营业站或中转站向正当到站转运时;

(21)行李、包裹在运输途中发生事故,移交到站处理时;

(22)其他应与车站办理的交接事项。

23. 简述高铁动车组列车防止旅客过站应急处置预案。

答:(1)动车组列车中途站站停时间短(1分钟),为确保旅客安全、有序乘降,防止将下车旅客拉过站,在列车始发后5分钟和中途站到站前10分钟进行广播宣传、提示。

(2)不相邻的单节车厢(如3、5、7车),中途站下车旅客超过20人时,列车长在到站前10分钟核实各节车厢车门口下车人数后,要求乘务员、机械师对旅客下车多的车门重点掌握,到站前5分钟,将车门下车多的旅客分流到本车厢两端的下车门;下车旅客超过30人时,应将车门下车多的旅客分流到本节车厢和前后相邻车厢的下车门,尽可能做到合理分流均衡下车。

(3)相邻的多节车厢(如3、4、5车),中途站下车旅客均超过20人或全列中途站下车旅客超过120人时,列车长应根据各车厢在中途站的下车旅客人数,制订疏导旅客均衡下车的分流预案,在到达中途站前30分钟,通知乘务员必须在到站前10分钟内,按预案要求,将责任车厢的下车旅客,按告知的人数分流引导到指定车门等候下车;同时用电话向有关中途站(客运室、客运值班主任)通报各车门旅客下车人数,要求车站协助妥善组织乘降,避免旅客对流。

(4)列车长在动车组列车到站前10分钟,利用车载电话向旅客通告到站和站停时间,提示旅客做好下车准备及有关注意事项;按第(3)条规定的分流原则将下车旅客组织到车门口等候下车,对下车的重点旅客提供重点帮助。

(5)列车长通告完成后,由1号车厢向8号车厢方向,逐车厢检查巡视乘务员分流到岗情况和下车旅客均衡度,对下车旅客相对集中的车厢安排人员,加强组织力量,做好疏导工作,向列车员和机械师做好提示。

(6)列车乘务员、机械师按分工到岗,停靠低站台时将车门翻板打开并加锁,站在车厢的中部,监控两端车门,观察旅客乘降情况,随时处理突发问题。车门集控失效时,应立即手动解锁车门。

(7)列车站停40秒,旅客仍未乘降完毕时,列车乘务员应用对讲机向列车长报告,用语为"×车仍有×人未下车",列车长回答"明白",列车长在确认全列乘降完毕,并已站停50秒的情况下,按规定的程序、用语通知司机关闭车门。

24. 列车发现麻风、霍乱、鼠疫患者(或称嫌疑)乘车时应如何处理?

答:(1)列车发现麻风、霍乱、鼠疫等传染病旅客乘车时,应及时报告前方铁路卫生防疫部门及有关铁路局的卫生、客运主管部门。铁路卫生防疫部门(铁路疾病预防控制中心)应派员上车调查处理。

(2)麻风患者乘车应有专人护送,列车应安排在车厢的一角,病人离开后,其座位必须经过防疫部门消毒。

(3)发现霍乱患者乘车时,应安置于车厢一端,并立即封锁车厢,按"小而严"的原则界定重点和一般染疫嫌疑人。

(4)发现鼠疫患者乘车时,应就地严密隔离,并立即封锁车厢,对污染车厢旅客全部进行检诊。

(5)对鼠疫传染病的染疫嫌疑人,进行预防性投药,下交车站防疫部门(铁路疾病预防控制中心)。对霍乱传染病的染疫嫌疑人,进行预防性投药,可疏散并在到达站下车。

四、综合题

1. 2015年3月2日在K667次(福州—沈阳北,新型空调列车)上,锦州到站前验票发现一旅客持山海关至锦州2261次(天津—乌兰浩特,新型空调列车)硬座普快车票,请问列车长应如何处理?

解:处理方法:持普通车车票乘坐新型空调车,应补所乘区间的票价差额,加收已乘区间应补票价50%票款,核收手续费。

山海关　<u>184km</u>　锦州

　　　　　新空硬座客快速票价:28.50元
　　　　　新空硬座普快票价:25.50元
　　　　　应补差价:28.50 – 25.50 = 3.00元
　　　　　50%票款:3.00 × 50% = 1.50元
　　　　　手续费:2.00元
　　　　　合计:3.00 + 1.50 + 2.00 = 6.50元

2. 2015年3月2日,汉口开往乌鲁木齐的T192/T193次新型空调特快旅客列车,在哈密到站前验票发现一旅客持当日商丘经郑州到兰州的硬座客快票,票号A023237,请问哈密站应如何处理?

解:(1)处理依据:该旅客郑州—兰州间低乘高,补收票价差额,兰州—哈密间无票乘车,补收票款。出站发现,为有意逃避支付票款,加收50%。

(2)费用计算:

郑州　<u>1187km</u>　兰州

　　　　　新空硬座客特快票价:148.50元
　　　　　硬座客快票价:71.50元
　　　　　补收票价差额:148.50 – 71.50 = 77.00元

兰州　<u>1339km</u>　哈密

　　　　　新空硬座客特快票价:163.50元
　　　　　补收合计:77.00 + 163.50 = 240.50元
　　　　　加收50%:240.50 × 50% = 120.50元
　　　　　手续费:2.00元
　　　　　应收合计:77.00 + 163.50 + 120.50 + 2.00 = 363.00元

3. 2015年3月2日,2624次新型空调旅客列车(满洲里—大连)长春站开车后,一旅客持当日满洲里至昌图本次列车的硬座客快车票,票号A020122,要求自长春开始使用软卧下铺并越站至大连。假设有空余软卧,列车同意办理,请问列车应如何处理?

解:(1)办理方法:越站同时变座补卧时,先越站后变座再补卧,并核收手续费。
(2)计算票价:

越站区间　昌图　<u>532km</u>　大连

　　　　　　新空硬座票价:46.00元
　　　　　　新空普快票价:9.00元
　　　　　　新空空调票价:11.00元

变座区间　长春　<u>700km</u>　大连

新空软座票价:110.00 元

　　新空硬座票价:57.00 元

　　补收软硬座票价差:53.00 元

　　新空软卧(下)票价:117.00 元

　　手续费:5.00 元

　　合计:241.00 元

4. 2015 年 3 月 2 日,1461 次(北京—上海,新空调车)旅客列车,到达上海站出站时发现一成人旅客携带一名 1.40m 的儿童持北京至上海的硬座客快车票两张(其中一张为半价票),携带重 10.2kg 的箱子一个,长宽高之和 200mm,电视一台重 21.5kg,背包一件重 10kg(内装有重 1.5kg 的鞭炮 2000 响),请问上海站应如何处理?

解:对于超大、超重、危险品,按以下处理:

(1)处理依据:箱子超大,长宽高之和大于 160cm,重量按 11kg 计算;背包是危险品按 10kg 计算,电视机整体超重按 22kg。

(2)费用计算:

北京　1463km　上海

　　　超大物品按四类补收包裹运费:11 × 2.373 = 26.10 元

　　　整件超重物品按四类补收包裹运费:22 × 2.373 = 52.20 元

　　　危险品:10kg 加倍四类包裹运费:10 × 2.373 × 2 = 47.50 元

　　　合计:26.10 + 52.20 + 47.50 = 125.80 元

5. 2015 年 3 月 2 日,K263 次(北京—包头,空调快速)列车到达包头站,出站收票时发现一旅客无车票,查询时该旅客出具了集宁南站站台票,请问包头站应如何处理?

解:包头　323km　集宁南

　　　应收票价　硬座票价:30.50 元

　　　　　　　　快速票价:12.00 元

　　　　　　　　空调票价:8.00 元

　　　　　　　　加收票款:50.50 × 50% = 25.50 元

　　　　　　　　手续费:2.00 元

　　　　　　　　合计:78.00 元

6. 2015 年 3 月 2 日,K149 次(上海南—湛江,空调快速)株洲站开车后,一伤残军人持本人"中华人民共和国伤残军人证"要求补一张软座客快速卧(下)至湛江,请问列车应如何处理?注:有空余卧铺。

解:株洲　1125km　湛江

　　　新空软座票价:169.50 元

　　　新空快速票价:34.00 元

　　　新空空调票价:21.00 元

　　　新空软卧(下)票价:174.00 元

　　　合计:398.50 元

　　　半价:199.50 元

　　　手续费:5.00 元

　　　合计:204.50 元

7.2015年3月2日,一旅客在石家庄站购买 K233 次(石家庄—上海,空调快速)列车到上海站硬座客快速卧(下)票价,携带1.2m儿童一名共用一张卧铺,石家庄站应如何发售?

解:成人带儿童可以共用一个卧铺,1.2m儿童应买半价客票、半价加快票、半价空调票。

石家庄　1410km　上海

　　　　新空硬座票价:105.50 元
　　　　新空快速票价:42.00 元
　　　　新空空调票价:26.00 元
　　　　新空硬卧(下)票价:144.00 元
　　　　新空半价硬座票价:53.00 元
　　　　新空半价快速票价:21.00 元
　　　　新空半价空调票价:13.00 元
　　　　合计:404.50 元

8.2015年3月2日,北安—牡丹江 K7111 次列车到达帽儿山后,车站工作人员在收票时发现一旅客持哈尔滨医学院的有效学生证(优待区间哈尔滨—牡丹江)无票,车站应如何处理?

解:处理依据:虽然3月2日在学生票的发售期间,但持学生证只能购买学校至家庭所在地之间的学生票。因在出站发现故需补成人票一张,并加收已乘区间50%的票款。

哈尔滨　100km　帽儿山

　　　　客快速票价:8.50 元
　　　　加收票价:8.50×50% =4.50 元
　　　　手续费:2.00 元
　　　　合计:15.00 元

项目三　行李、包裹运输

一、判断题

1. ×	2. ×	3. ×	4. √	5. ×	6. √	7. √	8. ×	9. √	10. ×
11. ×	12. √	13. ×	14. ×	15. ×	16. ×	17. √	18. √	19. √	20. √
21. ×	22. ×	23. √	24. √	25. √	26. ×	27. ×	28. ×	29. ×	30. ×
31. ×	32. √	33. ×	34. ×	35. ×	36. ×	37. √	38. ×	39. ×	40. ×
41. ×	42. √	43. ×	44. ×	45. √	46. ×	47. ×	48. ×	49. √	50. √
51. ×	52. √	53. ×	54. √	55. √	56. √	57. √	58. √	59. √	60. √
61. √	62. ×	63. √	64. √	65. √	66. √	67. √	68. √	69. ×	70. ×
71. √	72. √	73. √	74. ×	75. ×	76. √	77. √	78. √	79. ×	80. √
81. √	82. √	83. ×	84. ×	85. √	86. √	87. √	88. √	89. ×	90. √
91. √	92. √	93. √	94. ×	95. √	96. √	97. √	98. ×	99. √	100. ×
101. √	102. √	103. √	104. √	105. ×	106. √	107. √	108. √	109. √	110. ×
111. √	112. √	113. √	114. √	115. ×	116. √	117. √	118. √	119. √	120. ×
121. √	122. √	123. √	124. √	125. √	126. √	127. √	128. ×	129. √	130. √
131. √	132. √	133. ×	134. √	135. √	136. √	137. √	138. √	139. √	140. √
141. √	142. √	143. ×	144. √	145. ×	146. √	147. ×	148. √	149. √	150. √
151. √	152. √	153. √	154. ×	155. √	156. √	157. √	158. √	159. ×	160. √
161. √	162. √	163. √							

二、选择题

1. A	2. C	3. A	4. C	5. B	6. B	7. B	8. B	9. B	10. C
11. A	12. B	13. C	14. C	15. A	16. C	17. B	18. B	19. B	20. B
21. B	22. B	23. C	24. C	25. C	26. C	27. C	28. D	29. B	30. D
31. D	32. B	33. A	34. A	35. A	36. D	37. B	38. D	39. D	40. D
41. C	42. D	43. B	44. B	45. B	46. D	47. B	48. C	49. D	50. D
51. C	52. C	53. C	54. B	55. C	56. C	57. A	58. C	59. B	60. A
61. C	62. B	63. C	64. C	65. D	66. D	67. D	68. D	69. B	70. B
71. B	72. D	73. C	74. A	75. A	76. C	77. D	78. D	79. C	80. C
81. B	82. B	83. A	84. B	85. B	86. C	87. A	88. B	89. B	90. B
91. B	92. D	93. C	94. C	95. B	96. B	97. A	98. A	99. D	100. D
101. D	102. D	103. B	104. A	105. B	106. B	107. D	108. D	109. C	110. C
111. C	112. D	113. B	114. B	115. D	116. A	117. B	118. B	119. C	120. C

121. B	122. B	123. B	124. B	125. B	126. D	127. C	128. A	129. B	130. C
131. A	132. A	133. B	134. A	135. A	136. A	137. D	138. C	139. A	140. C
141. B	142. B	143. B	144. B	145. B	146. B	147. B	148. A	149. C	150. A
151. C	152. A	153. C	154. B	155. B	156. D	157. A	158. C	159. D	160. B
161. C	162. D	163. B	164. D	165. C	166. D	167. D	168. D	169. C	170. C
171. C	172. B	173. D	174. C	175. D	176. D	177. B	178. C	179. B	180. C
181. C	182. B	183. B	184. D	185. B	186. B	187. C	188. C	189. C	190. C
191. D	192. D	193. C	194. A	195. C	196. B	197. A	198. C	199. A	200. B
201. B	202. C	203. C	204. D	205. B	206. A	207. D	208. C	209. B	210. A
211. A	212. D	213. B	214. C	215. D	216. C	217. C	218. C	219. B	220. D
221. D	222. C	223. C	224. B	225. D	226. B	227. A	228. B	229. B	230. A
231. D	232. B	233. D	234. C						

三、问答题

1. 铁路行李包裹运输合同是指什么？基本凭证是什么？

答：铁路行李包裹运输合同是指承运人与托运人、收货人之间明确行李、包裹运输权利和义务关系的协议。

行李、包裹运输合同的基本凭证是行李票、包裹票。

2. 行李票、包裹票主要应载明哪些内容？

答：(1)发站和到站；

(2)托运人、收货人的姓名、地址、联系电话、邮政编码；

(3)行李和包裹的品名、包装、件数、重量；

(4)运费；

(5)声明价格；

(6)承运日期、运到期限、承运站站名戳及经办人员名章。

3. 何谓行李、包裹运输合同的有效期间？

答：行李、包裹运输合同自承运人接收行李、包裹并填发行李票、包裹票时起成立，到行李、包裹运至到站交付给收货人止履行完毕。

4. 托运人的基本权利和义务有哪些？

答：权利：

(1)要求承运人将行李、包裹按期、完好地运至目的地；

(2)行李、包裹灭失、损坏、变质、污染时要求赔偿。

义务：

(1)缴纳运输费用，完整、准确填写托运单，遵守国家有关法令及铁路规章制度，维护铁路运输安全；

(2)因自身过错给承运人或其他托运人、收货人造成损失时应负赔偿责任。

5. 承运人的基本权利和义务有哪些？

答：权利：

(1)按规定收取运输费用，要求托运的物品符合国家政策法令和铁路规章制度。对托运的物品进行安全检查，对不符合运输条件的物品拒绝承运。

(2)因托运人、收货人的责任给他人或承运人造成损失时应向责任人要求赔偿。

义务：

(1)为托运人提供方便、快捷的运输条件,将行李、包裹安全、及时、准确运送到目的地；

(2)行李、包裹从承运后至交付前,发生灭失、损坏、变质、污染时,负赔偿责任。

6. 什么是行李？哪些物品不能夹带到行李中？对行李有何要求？

答：行李是指旅客自用的被褥、衣服、个人阅读的书籍、残疾人车和其他旅行必需品。

行李中不得夹带货币、证券、珍贵文物、金银珠宝、档案材料等贵重物品和国家禁止、限制运输物品、危险品。

行李每件的最大重量为50kg。体积以适于装入行李车为限,但最小不得小于$0.01m^3$。行李应随旅客所乘列车运送或提前运送。

7. 什么是包裹？包裹是如何分类的？

答：包裹是指适合在旅客列车行李车内运输的小件货物。

包裹分为以下四类：

一类包裹：自发刊日起5日以内的报纸；中央、省级政府宣传用非卖品；新闻图片和中、小学生课本。

二类包裹：抢险救灾物资,书刊,鲜或冻鱼介类、肉、蛋、奶类、果蔬类。

三类包裹：不属于一、二、四类包裹的物品。

四类包裹：

(1)一级运输包装的放射性同位素、油样箱、摩托车；

(2)泡沫塑料及其制品；

(3)国务院铁路主管部门制定的其他需要特殊运输条件的物品。

8. 不能按包裹运输的物品有哪些？

答：(1)尸体、尸骨、骨灰、灵柩及易于污染、损坏车辆的物品；

(2)蛇、猛兽和每头超过20kg的活动物(警犬和运输命令指定运输的动物除外)；

(3)国务院及国务院铁路主管部门颁发的有关危险品管理规定中规定的危险品、弹药以及承运人不明性质的化工产品；

(4)国家禁止运输的物品和不适于装入行李车的物品。

9. 如何进行保价运输？

答：(1)行李、包裹分为保价运输和不保价运输,托运人可选择其中一种运输方式。

(2)按保价运输时,可分件声明价格,也可按一批全部件数声明价格。按一批办理时,不得只保其中一部分。

(3)按保价运输的行李、包裹核收保价费。一段按行李、一段按包裹托运时,全程按行李核收保价费。保价的行李、包裹发生运输变更时,保价费不补不退。因承运人责任造成的取消托运时,保价费全部退还。

(4)承运人对按保价运输的行李、包裹可以检查其声明价格与实际价格是否相符；如拒绝检查,承运人可以拒绝按保价运输承运。

10. 行李、包裹的运到期限是如何规定的？

答：行李、包裹的运到期限以运价里程计算。从承运日起,行李600km以内为三日,超过600km时,每增加600km增加一日,不足600km也按一日计算。

包裹400km以内为三日,超过400km时,每增加400km增加一日,不足400km也按一日计算。快运包裹按承诺的运到期限计算。

11. 行李、包裹违章运输的种类有哪些？

答：行李、包裹的违章运输，包括品名不符、重量不符及无票运输等情况。

12. 什么是品名不符的运输？发现品名不符应如何处理？

答：品名不符是指办完托运手续后，发现行李、包裹票中记载的物品品名与实际物品品名不同，即称为物品品名不符的运输。

发现品名不符时，应采取认真负责和实事求是的态度，区别不同性质，正确处理。

（1）对伪报一般品名的，在发站，重新办理手续，补收已收运费与正当运费的差额；在到站，加收应收运费与已收运费差额两倍的运费。

（2）将国家禁止、限制运输的物品以及危险品伪报其他品名托运或在货件中夹带时，按下列规定处理：

①在发站发现时，停止装运，通知托运人领取，全部件数物品的运费不退。将原票收回，在记事栏内注明"伪报品名，停止装运，运费不退"。将报销页交托运人作报销凭证，另以"客杂"按日核收保管费。

②在中途站发现时，停止运送，发电报通知发站转告托运人领取，运费不退，并对品名不符货件按实际运送区间另行补收四类包裹运费及按日核收保管费。

③在列车上发现时，编制客运记录交到站处理，属危险品伪报品名将该批物品交前方停车站处理。

④在到站发现时（包括列车移交的），另行补收品名不符货件实际运送区间的四类包裹运费并按日核收保管费。必要时还应交有关部门按国家有关规定处理。

13. 什么是重量不符的运输？发现重量不符应如何处理？

答：重量不符是指办完行李、包裹托运手续后，发现行李、包裹票上记载的重量与实际重量不符，即称为重量不符的运输。

（1）到站发现行李、包裹重量不符，应退还时，开具退款证明书退还多收部分的运费。

（2）应补收时，开具"客杂"，补收正当运费，同时编客运记录附收回的行李、包裹票报局收入部门，由局收入部门列应收账款向检斤错误的单位再核收与应补运费等额的罚款。

14. 什么是无票运输？无票运输应如何处理？

答：无票运输是指应办而未办理行李、包裹托运手续的物品，随行李车运输的一种违章运输。

车站和列车应拒绝装运无票运输的行李、包裹。如发现已装运的，列车长、列车行李员应编客运记录交到站处理。到站对移交和自站发现的物品按实际运送区间加倍补收四类包裹运费。

四、综合题

1. 2015年3月2日，丹东站一旅客持丹东至沈阳的硬座客快车票，要求托运行李2件（衣服、书籍，重50kg）至蔡家沟，声明价格共计3000元。请予以办理。

解：办理方法：旅客托运行李至客票以远的车站一段按行李、一段按包裹计价，全程按行李计算保价费。

丹东　<u>277km</u>　沈阳

行李：$F_1 = Q_{计费} \cdot f = 50 \times 0.154 = 7.70$ 元

沈阳　　456km　　蔡家沟

三类包裹：$F_2 = Q_{计费} \cdot f = 50 \times 0.666 = 33.30$ 元

保价费：$3000.00 \times 0.5\% = 15.00$ 元

装车费：$2.00 元 \times 2 = 4.00$ 元

合计：$7.70 + 33.30 + 15.00 + 4.00 = 60.00$ 元

2.2015 年 3 月 2 日，丹东站—旅客持丹东至沈阳的硬座客快车票、托运了行李 2 件（重 50kg）至蔡家沟，3 月 5 日旅客到哈尔滨站提取行李，行李逾期未到，3 月 8 日到达哈尔滨。请计算逾期违约金。

解：根据上题可知丹东至蔡家沟行李运费 60.00 元，丹东至蔡家沟的里程为 733km，故行李运到期限为 4 天，因此，逾期 3 天。

$$C = F\Psi = 60.00 \times 20\% = 12.00 \text{ 元}$$

项目四 特种运输

一、判断题

1. × 2. √ 3. √ 4. √ 5. √ 6. √ 7. √ 8. √ 9. √ 10. √
11. ×

二、选择题

1. B 2. B 3. B 4. A 5. A 6. A

三、问答题

1. 铁路乘车证的种类及颜色规定有哪些？
答：乘车证共分九个票种，三种颜色。颜色规定如下：
(1)软席全年定期乘车证,浅粉色；
(2)软席乘车证(含单程、往返、临时定期),浅粉色；
(3)硬席全年定期乘车证,浅蓝色；
(4)硬席临时定期乘车证,浅蓝色；
(5)硬席乘车证(含单程、往返),浅蓝色；
(6)便乘证,浅蓝色；
(7)通勤乘车证(含通学、定期),浅黄色；
(8)就医乘车证(含往返、临时定期、全年定期),浅黄色；
(9)探亲乘车证(含单程、往返),浅黄色。

2. 简述铁路乘车证的使用范围。
答：(1)铁路职工。
(2)《铁路乘车证管理办法》中规定可以使用的其他人员。

3. 铁路乘车证使用的有关规定有哪些？
答：乘车证限乘车证上所填写的持用人，在有效期间和区间使用。除探亲、就医乘车证外，其他各种乘车证每张仅限填发一人使用，实行一人一票制。

各种乘车证(全年、临时定期乘车证外)每张只限填发一个到站。由始发站至到达站有直达列车的，一般应乘直达列车；因签证原因不能乘直达列车的，可在同一方向换乘站中转换乘(限换乘一次)，经换乘站签证后，可继续乘车至到达站。

4. 铁路乘车证乘车席别的规定有哪些？
答：(1)准乘软席人员的范围。
①中国铁路总公司正、副级领导和相当职级的人员；
②正副司、局长和相当职级的人员；

③教授和相当专业技术职务的人员;

④经国家和中国铁路总公司批准的"有突出贡献的专家";

⑤年满五十周岁的正、副处长和相当职级的人员;

⑥年满五十周岁的副教授和相当专业技术职务的人员;

⑦1937年7月6日前参加革命工作的干部;

⑧中国铁路总公司副部级领导和相当职级以上人员,因工作需要准许随行人员一人填发软席乘车证;

⑨受处分降低职务、工资级别的人员,应按降低后的职务、工资级别确定其能否享受乘坐软席。

(2)准乘硬席的人员范围。

除上述规定以外的其他铁路职工和符合规定的其他人员准乘硬席。

5.铁路乘车证准乘列车的规定有哪些?

答:(1)持用全年定期、临时定期、软席、硬席乘车证和便乘证,在正式或临时营业铁路上准乘各种旅客列车(国际列车除外)。

(2)持用探亲乘车证,准乘除国际、旅游列车以外的各种旅客列车。

(3)持用通勤乘车证,准乘各种旅客列车(国际列车除外)。

(4)持用就医乘车证,准乘快车和普通旅客列车。

(5)持用铁路全年定期、临时定期、软席、硬席乘车证均可乘坐空调可躺式客车。

(6)持有各种铁路乘车证的铁路职工允许乘坐动车组二等座席。

6.使用铁路乘车证乘车证明的规定有哪些?

答:持用铁路各种乘车证的职工出入车站及在列车内须与旅客同样经过检验票证及有关证件。

(1)持用铁路乘车证乘车,应同时交验工作证、离休证、退休证、家属证或家属医疗证。

(2)职工持用探亲乘车证,应同时持贴有本人照片的工作证和探亲证明;职工配偶或父母、子女持贴有本人照片的家属证(医疗证)和探亲证明。

(3)出差、驻勤、开会、入学、调转、出校、赴任、搬家时,还必须交验相应证明(出差证明、人事调转命令、户口迁移证)。

机车乘务人员便乘时,必须携带机务段填发的司机报单。

机械保温车乘务员去外地换班乘坐旅客列车时,应交验保温段填发的交、接班证明。

7.使用铁路乘车证在乘车站使用签证及加剪规定有哪些?

答:(1)持用临时定期、软席、硬席乘车证、探亲乘车证乘车时,须由车站签证,其他乘车证免于签证。

(2)持有各种铁路乘车证的铁路职工乘坐动车组时,必须先签证后乘车。

(3)对持用的全年、临时定期、通勤、全年定期就医和临时定期就医乘车证免打查验标记;其他乘车证均经于始发站和返程站予以剪口,列车内查验时也应打查验标记。

8.使用铁路乘车证免费使用卧铺的规定有哪些?

答:(1)职工(含路外符合使用乘车证的人员)出差、驻勤、开会、调转、赴任、护送等,以本人开始乘坐本次列车开车时刻计算,从20:00时至次日7:00之间,在车上过夜6小时(含6小时)或连续乘车超过12小时(含12小时)以上的,准予免费使用卧铺。

(2)使用卧铺中途不应下车,若必须下车时,不足夜间乘车6小时或连续乘车不足12小时的,列车长应按章核收已乘区间的卧铺票价。

(3)持乘车证在列车上使用卧铺时,应将出差证明、卡片连同乘车证交列车员保管(下车前交还),并办理签证。列车员应在出差证上加盖图章或签字,以作为职工单位不再发给卧铺票价补贴的凭证。持用全年定期出差证可不交给列车员保管。

(4)机车乘务员应按预留铺位便乘,旅客列车(挂有国际联运车厢的列车除外)应预留3个(上、中、下各一个)机车便乘铺。机务段开便乘证时,如超过3人应自第4人起,加盖无铺戳记,卧铺车厢的列车员对便乘证应及时登记并保管,下车前交还。凡不符合便乘规定者,列车长应收回便乘证,编制客运记录,上报所属铁路局收入部门,追补票价。

9.违章使用乘车证应如何处理?

答:在票面上加添、涂改、转借、超过有效期或有效区间乘车,未持规定的有关证明、证件或持伪造证明、证件的均视为违章使用乘车证。

(1)发现违章使用乘车证时,均按无票处理。按所乘旅客列车的等级、席别、铺别、区间(单程或往返)及票面填写的人数补收票价,并核收应收票价50%的加收票款及手续费。同时查扣其乘车证及有关证件上交铁路局收入部门。上交时应编制客运记录,注明违章情况。

(2)下列乘车证除按规定补收票款外,还应按照票面记载的席别、区间加收罚款:

①定期通勤乘车证,按票面填写的乘车区间,自有效月份起至发现违章月份止,按每月一次往返的里程通算计收客票票价。

②全年定期乘车证、临时定期乘车证、通勤(通学)乘车证,自有效日期(过期的从有效期终了的次日)至发现违章日期止,票面填写的乘车区间在一个铁路局以内的,按每日乘车50km计算票价;乘车区间跨铁路局的,按每日乘车100km计算票价(含义同前),计算后低于50元的按50元核收。

③发现其他违章行为的,均按《铁路旅客运输规程》的规定相应处理。

(3)乘车证使用过程中,发现违章事项当时处理不了的,站、车应编制客运记录,连同查扣的乘车证及有关证件报本铁路局收入部门,由铁路局依据规定向违章职工单位发函,追补应收票款及罚款。

10.简述新老兵运输运输期限。

答:在通常情况下,全国新老兵运输应当于每年11月25日开始,12月31日前结束。其中,老兵运输应当于11月25日开始,新兵运输应当于12月10日开始,至12月31日止。为此,每年11月下旬至12月下旬为新老兵运输期限。

11.我国铁路旅客联运站有哪些?

答:我国铁路现有30个旅客联运站:北京、北京西、大同、天津、衡阳、长沙、汉口、郑州、呼和浩特、集宁、二连、沈阳、长春、丹东、哈尔滨、牡丹江、满洲里、绥芬河、桂林、南宁、崇左、凭祥、乌鲁木齐、阿拉山口、昆明北、河口、山海关、开远、宜良、昂昂溪。

四、综合题

2015年3月2日,大连开往绥芬河的2727次列车(空调普快),到达哈尔滨站前验票发现一旅客持借用他人的硬席临时定期乘车证(公$YL_b042017$),有效期为2月1日至5月1日,有效区间为沈阳至哈尔滨、齐齐哈尔要求在哈尔滨下车,列车应如何处理?

解:处理方法如下:借用他人乘车证按无票处理并加收罚款,同时编制客运记录,查扣临时定期乘车证上交铁路局收入部门。

沈阳 549km 哈尔滨

应收票价　硬座票价:46.00 元

普快票价:9.00 元

空调票价:11.00 元

加收票款:66.00×50% = 33.00 元

手续费:2.00 元

罚款:乘车区间跨及两个铁路局,按每日 100km 计算,硬座客快票价 7.50 元 2 月 1 日至 3 月 2 日共 30 天,票价:7.50×30 = 225.00 元

合计:46.00 + 9.00 + 11.00 + 33.00 + 2.00 + 225.00 = 326.00 元

项目五 运输事故的处理

一、判断题

1. ×   2. √   3. √   4. √   5. √

二、选择题

1. B   2. A   3. B   4. B   5. C   6. C   7. C   8. D

三、问答题

1. 什么是铁路电报？铁路电报的等级有哪些？

答：铁路电报是铁路部门之间处理铁路紧急公务的通信工具，也是铁路办理紧急事务所使用的一种公文表现形式。

铁路电报的等级按电报的性质和急缓程度分为以下六种：

(1)特急电报(T)：指非常紧急的命令、指示，处理重大、大事故、人身伤亡事故、重大灾害及敌情的电报。

(2)急报(J)：指铁道部、部属公司、铁路局的紧急命令、指示，时间紧迫的会议通知、列车改点、变更到站和收货人、车辆甩挂、超限货物运行及行车设备施工、停用、开通、限速的电报、国际公务电报及其他时间紧迫的电报。

(3)限时电报(X)：指限定时间到达的电报。根据需要与可能，由用户与电报所商定，在附注栏内填记送交收电单位的时间，如限时10:30，应写"XS10:30"。

(4)列车电报(L)：指处理列车业务，必须在列车到达以前或在列车到达当时送交用户的电报。

(5)银行汇款电报(K)：指银行办理铁路汇款业务，按急报处理。

(6)普通电报(P)：指上述五类以外的电报。

2. 使用铁路电报的注意事项有哪些？

答：(1)拍发电报必须使用铁路电报纸，要注明发报地点、日期并加盖规定名章。

(2)编拟电报稿应使用规定的文字、符号、记号(即汉字及标点符号，汉语拼音字母，阿拉伯数字，规定有电报符号的记号和能用标准电码本译成四码的记号和字母)，编拟时电文通顺，文字力求简练，标点符号完整，字体清晰、工整、不潦草、不造字、无错别字，并在原稿上填写拟稿人姓名和电话号码。

(3)电报稿左上角应有主送单位、抄送单位，右下角有发报单位本部门电报编号、日期，并应加盖公章、名章或签字。

(4)电报稿的主送单位、抄送单位要正确。

主送单位是指具体受理、承办本事件的单位，无论单位大小，都要列入主送单位。

抄送单位是指需要其督办、协办或需要其仲裁、备案的单位,一般都是主送单位和发报人(单位)的上级机关或主管业务部门。其顺序按上、下级或与该事件关系主次依次排列,发报人隶属单位排在最后。一般情况下抄送外局机关或有关业务主管部门,也应同时抄报本局的同级机关和相应的业务主管部门。

3. 简述列车铁路电报的拍发范围。

答:旅客列车遇有下述情况时,列车长应拍发电报:

(1)因误售、误购车票而误运行李,行李又未在本列车装运,列车通知原到站向正当到站转运时;

(2)列车超员,通知有关部门和前方停车站采取控制客流措施时;

(3)列车行包满载,通知前方有关停车营业站停止装运行包时;

(4)遇有特殊情况,列车途中发生餐料不足,通知前方客运段补充餐料时;

(5)餐车电冰箱发生故障,通知前方客运段或车站协助加冰时;

(6)列车在中途站因车辆发生故障甩车或空调车发生故障不能修复,通知前方各停车站并汇报有关上级部门时;

(7)列车广播设备中途发生故障,通知前方广播工区派员前来处理时;

(8)专运等列车在中途站临时需要补燃料(煤、油),通知前方客运段补煤时;

(9)列车运行中因发生意外伤害,招致旅客重伤或死亡,应立即向有关铁路局、车务段(中心站)拍发事故速报时;

(10)列车发生或发现重大行包事故后,应立即向中国铁路总公司和有关铁路局拍发事故速报时;

(11)站、车之间办理行李、包裹交接时,接受方未按规定签收,但双方对装卸的件数、包装等情况产生异议,向当事站拍发电报声明时;

(12)列车内发生运输收入现金、客票票据丢失、被盗和短少等事故,向铁路局收入部门和公安部门报案,通知有关单位协助查扣时;

(13)列车发生爆炸、火灾等突发事件或遇其他紧急情况,须迅速报告上级部门处理时;

(14)列车上发生旅客食物中毒,向所属铁路局或前方铁路疾控所报告时;

(15)遇其他紧急情况,需要迅速报告时。

4. 线路中断的原因有哪些?

答:(1)自然灾害,如水灾、雪害、冰雹、地震、泥石流等;

(2)旅客责任,如携带危险品、吸烟者乱扔烟头所引起的燃烧、爆炸等;

(3)铁路过失,如设备陈旧、失修、职工素质低、基础工作薄弱、劳动纪律松弛、列车严重超员等所引起的意外事故;

(4)其他原因,如坏人破坏、战争等。

5.《铁路旅客运输规程》规定发生线路中断时应如何安排旅客?

答:线路中断,列车不能继续运行时,应妥善安排被阻旅客。车站应将停办营业和恢复营业的信息及时向旅客公告。

线路中断,旅客可以要求在原地等候通车、返回发站、中途站退票或按照承运人的安排绕道旅行。

停止运行站或列车应在旅客车票背面注明原因、日期、返回××站并加盖站名章或列车长名章,作为旅客免费返回发站、中途站办理退票、换车或延长有效期的凭证。动车组列车旅客不办理车票有效期延长,但可根据等候日数办理车票改签。

旅客持票等候通车后继续旅行时,可凭原票在通车10日内恢复旅行。车站应根据旅客候车日数延长车票有效期。卧铺票应办理退票。

铁路组织原列车绕道运输时,旅客原票不补不退,但中途下车即行失效。旅客自行绕道按变径办理。

线路中断后,旅客买票绕道乘车时,按实际径路计算票价。

6. 旅客在列车上发生急病时应如何处理？

答:(1)旅客在列车上发生急病时,列车长应填写客运记录,送交市、县所在地的车站或较大车站,转送医院或传染病医院治疗。

(2)旅客在治疗期间所需的一切费用,应由旅客自负。如本人确实无力负担,铁路局可在"旅客保险"支出项下列支,由车站按时请领偿还医院。

7. 旅客在列车上发生死亡时应如何处理？

答:(1)旅客在列车上死亡时,列车长应填写客运记录,会同铁路公安人员将尸体和死者遗物交给市、县所在地的车站或较大的车站,接收站按照在车站死亡时办理。

(2)对死者的遗物妥善保管,待死者家属或工作单位前来认领时一并交还。旅客死后所需费用,先由铁路部门垫付,事后向其家属或工作单位索还。如死者家属无力负担或无人认领,铁路可在"旅客保险"支出项下列支。

8. 无票人员发生急病或死亡时应如何处理？

答:没有车票的人员,在站台或列车上发生急病或死亡时,由铁路部门负责处理。在候车室、广场等地发生急病或死亡时,由车站通知地方有关部门处理。外籍旅客死亡由公安机关通知外事部门处理。

9. 什么是旅客人身伤害事故？

答:凡持有效车票的旅客,经检票口进站验票加剪开始,至到达目的地出站时止(中转和中途下车的旅客自出站至进站期间除外),在旅行中遭受外来、剧烈及明显的意外伤害事故包括战争所致者在内,受到伤害以至死亡、残废或丧失身体机能者,均属旅客人身伤害事故。

10. 简述旅客人身伤害事故的种类及等级。

答:(1)种类。旅客人身伤害按程度分为以下三种:

①轻伤:伤害程度不及重伤者。

②重伤:肢体残废、容貌毁损,视觉、听觉丧失及器官功能丧失。具体参照司法部颁发的《人体重伤鉴定标准》。

③死亡。

(2)等级。旅客人身伤害事故分为以下六等:

①轻伤事故:是指只有轻伤没有重伤和死亡的事故。

②重伤事故:是指有重伤没有死亡的事故。

③一般伤亡事故:是指一次造成死亡1人至2人的事故。

④重大伤亡事故:是指一次死亡3人至9人的事故。

⑤特大伤亡事故:是指一次死亡10人至29人的事故。

⑥特别重大伤亡事故:是指一次死亡30人以上的事故。

11. 简述列车上旅客人身伤害事故的现场处理程序。

答:(1)在旅客列车上发生旅客人身伤害时,列车长应当会同铁路公安人员查看旅客受伤程度,及时采取抢救措施。列车上受伤旅客需交车站处理时,应提前通知车站做好救护准备工作。

(2)发生旅客人身伤害事故时,列车长应当会同铁路公安部门及时勘验事故现场,妥善保管旅客的财物,检查旅客所持车票的票种、票号、发到站、车次、有效期及加剪情况等。发生旅客人身伤害人数较多时,应当封锁事故现场,禁止与救援、调查无关的人员进入。发生旅客伤亡人数较多的事故车站、列车认为必要时,应请求地方政府协助组织抢救。

(3)收集证实材料。旅客人身伤害事故发生后,为了给以后的事故调查处理提供更有利的证据,要求必须收集不少于两份同行人或见证人的证言和有关证据并保护好证据材料。收集证人证言时,应当记录证人姓名、性别、年龄、地址、联系方式、身份证号码等内容。证言、证据应当准确、真实,并能够证明事故发生的过程和原因。

(4)列车上发生旅客人身伤害事故,应当将受伤旅客移交三等以上车站(在区间停车处理时为就近车站)处理,车站不得拒绝受理。列车向车站办理移交手续时,编制客运记录一式两份(一份存查,一份办理站、车交接),连同车票、旅客随身携带品清单、证据材料一起移交。旅客人身伤害事故系斗殴等治安或刑事案件所致,列车乘警应在客运记录上签字。因特殊情况来不及编写记录的,列车长必须指派专人下车与车站办理交接,并必须在三日以内向事故处理站补交有关材料。

(5)拍发事故速报。列车发生旅客人身伤害事故时,应当立即向上级主管部门及有关铁路局主管部门拍发事故速报,条件允许时,应当先用电话报告事故概况。发生重大及以上伤亡事故时,应当逐级向上级主管部门报告。事故速报内容包括:

①事故种类;
②发生日期、时间、车次;
③发生地点、车站、区间里程;
④伤亡旅客姓名、性别、国籍、民族、年龄、职业、单位、住址,车票种类、发到站、票号、身份证号码;
⑤事故及伤亡简况。

12.旅客人身伤害事故的现场处理办法有哪些?

答:(1)列车上发生旅客人身伤害(包括区间坠车停车处理)时,受伤旅客抢救后尚能继续旅行时,可移交旅客的到站治疗。伤势严重不能继续旅行时,应移交三等及其以上具有必要医疗条件的车站进行抢救。

(2)在列车内经抢救无效死亡时,应搜集好旁证、物证,并将尸体、车票、财物等移交三等及其以上的车站处理。

(3)在区间坠车造成死亡时,应通知就近车站处理。列车长将记录、旁证、物证、车票、遗物等在前方停车站交下,转送处理站。

(4)因特殊情况来不及编写记录的,列车长必须指派专人下车与车站办理交接,并必须在三日以内向事故处理站补交有关材料。

(5)当次列车因故未能将受伤旅客及有关材料及时移交,旅客在法定时限内向铁路运输企业索赔且能够证明伤害是在运输过程中发生的,事故发生列车应本着方便旅客的原则,移交旅客就医所在地车站或旅客发、到站处理,被移交站应当受理。

13.旅客人身伤害事故的现场责任是如何划分的?

答:铁路旅客人身伤害事故责任分为旅客自身责任、第三人责任、铁路运输企业责任及其他责任。

(1)旅客自身责任:旅客违反铁路安全规定,不听从铁路工作人员引导、劝阻等违法违章行为或其他自身原因造成的伤害,属于旅客自身责任。

(2)铁路运输企业责任:由于铁路运输企业人员的职务行为和设施设备的原因给旅客造成的伤害,属于铁路运输企业责任。

铁路运输企业责任分为客运部门责任和行车等其他部门责任。客运部门责任分为车站责任和列车责任。

①有下列情形之一的,属于车站责任:

a. 旅客持票进站或下车后在检票口以内因组织不当造成伤害的;

b. 缺乏引导标志或有关引导标志不准确而误导旅客发生伤害的;

c. 车站设备、设施不良造成旅客伤害的;

d. 车站销售的食物造成旅客食物中毒的;

e. 因误售、误剪不停车造成旅客跳车的;

f. 在规定停止检票后继续检票放行或检票放行时间不足,致使旅客抢上列车造成伤害的;

g. 因违章操作、管理不善造成火灾、爆炸、发生旅客伤害的;

h. 事故处理工作组有理由认为属于车站责任的。

②有下列情形之一的,属于列车责任:

a. 由于车门未锁造成旅客跳车、坠车或站内背门下车造成旅客伤害的;

b. 因列车工作人员的过失,致使旅客在不办理乘降的车站(包括区间停车)下车造成人身伤害的;

c. 由于组织不利,旅客下车挤、摔造成伤害的;

d. 车站误售、误剪车票,列车未能妥善处理造成旅客跳车伤害的;

e. 因列车报错站名致使旅客误下车造成伤害的;

f. 因列车工作人员的过失造成旅客挤伤、烫伤的;

g. 因餐车、售货销售的食物造成旅客食物中毒的;

h. 因违章操作、管理不善造成火灾、爆炸,发生旅客伤害的;

i. 因列车设备不良造成旅客人身伤害的;

j. 事故处理工作组有理由认为属于列车责任的。

③车辆部门责任:

a. 由于车辆技术状态或设备不良,如煤箱盖、天棚盖、门窗锁失效等而发生旅客伤亡时;

b. 因电气设备不良,取暖锅炉故障等原因,发生火灾,造成旅客伤亡时。

④房产部门责任:为旅客服务的房舍、天桥、地道、风雨棚、厕所、门窗等属于房产部门的建筑设备,因技术状态不良所造成的旅客伤亡时。注:如为施工单位的责任应列施工单位。

⑤车务部门责任:

a. 旅客尚未乘降完毕,运转值班员或运转车长显示发车信号开车,造成旅客伤亡时,错办误办接车进路(闭塞)、吊车冲突造成旅客伤亡等;

b. 当货物列车在站内停在候车与停站旅客列车之间,妨碍旅客通行时,由于没将货物列车拉开道口,而发生旅客钻爬车底造成旅客伤亡事故时。

⑥机务部门责任:

a. 列车到站停车后,司机又擅自移动而发生旅客伤亡事故时;

b. 由于机车冒进信号造成列车冲突,发生旅客伤害时;

c. 列车运行时由于使用紧急不当造成紧急停车,而造成旅客伤亡事故时。

⑦工务部门责任。

⑧其他部门责任。

(3)第三人责任:由于旅客和铁路运输企业合同双方以外的人给旅客造成的伤害,属第三人责任。

(4)其他责任:非上述三种责任造成的伤害,属于其他责任。

14. 简述管内旅客列车晚点超过30分钟时的应急组织。

答:依据《客运站车突发客流及列车晚点应急预案》(客监〔2011〕12号)列车长立即向担当段派班室电话报告(遇水害等自然灾害或行车事故造成线路中断时应立即报告),段派班室接到列车长报告后,立即向局客调报告,由客调向列车调度员了解列车晚点的原因、停留地点或运行区间、晚点准确时分。预测车体折返时间是否充足,明确车体的运用交路及对列车两端始发站始发时间是否影响,如发生行车事故或自然灾害时,应迅速了解现场情况,掌握发生时间、区段(公里处)、事故、灾害类型。同时要在第一时间内将信息反馈到有关的客运段,准确了解到相关列车"三乘"人员的通信工具号码,及时向有关领导汇报并保存备查。

15. 简述始发、折返及各停站晚点列车乘务担当部门的应急组织。

答:依据《客运站车突发客流及列车晚点应急预案》(客监〔2011〕12号):

(1)对于晚点的列车,在列车晚点超过30分钟后,列车长在向担当段派班室报告后,由列车长代表铁路通过列车广播向旅客道歉。

(2)晚点列车遇线路中断等情况暂时不能继续运行时,列车长除通过列车广播向旅客道歉外,还应积极组织班组人员尽最大可能为旅客提供良好服务,照顾重点旅客,耐心做好解释工作,安抚旅客情绪,用热情周到的服务减少旅客的投诉,特别要加强安全管理,确保旅客人身财产及旅客列车的安全。积极与较近车站取得联系,并告知车站需要配合、支持的有关工作。列车餐售要保证旅客的饮食供应。如因餐料、饮用水、药品不足时,应及时向担当餐饮总公司报告,并积极与附近有关车站联系,组织采购,及时解决,尽力满足旅客需要。

(3)晚点列车的列车长要保证手机开机,随时听取担当段及客调的命令、指示,定时与担当段派班室联系,掌握列车晚点及其他信息。列车长对中途停留晚点时分较长列车,要及时向担当段报告列车秩序、旅客情绪、重点旅客、中转旅客等情况。

(4)晚点列车的列车长要组织有关人员对终到后需中转的旅客进行登记,及时将中转旅客的人数和所乘车次通报给路局客调,以便客调能及时通知本次列车终到站提前做好票额准备。

(5)列车晚点造成车体不能回到车体配属段所在地,在外地停留时间较长时,客运段应指派干部立即赶往列车停留地点或中途迎接列车,协调有关部门解决好列车上旅客的饮食供应和解释服务工作,慰问列车乘务人员并解决好乘务人员的食宿。遇汛情等自然灾害或事故时,客运段要由段级干部带队立即赶赴相关列车,亲自组织布置各项应急工作。

(6)列车晚点造成在始发站和折返站连续始发晚点时,应加强乘降组织工作,双开车门,组织旅客快上快下,与车站密切配合,加快上水、行包和邮件装卸作业。

16. 简述动车组因故障晚点和旅客滞留的应急处置。

答:(1)动车组在局管内始发站晚点时,车队须派干部添乘,组织列车乘务组做好服务、解释和安抚旅客工作。列车长应及时向铁路局动调了解晚点信息工作。晚点30分钟时,列车长应通过广播向旅客致歉,列车工作人员要加强车厢巡视,做好安抚和解释工作。

(2)在动车组列车出现故障后,列车长根据车内情况,组织旅客配合,按车厢选出旅客代表和旅客志愿者(代表可从军人、公安、干部、学生中选出),帮助乘务人员做好应对突发事件的应急工作,列车长可集中向旅客代表布置应急处置措施,力争取得旅客支持和帮助。

(3)动车组列车在局管内发生故障或列车晚点需要救援物质时,列车长要向客运处提供所需品类、数量。在外局发生故障或列车晚点时,列车长应向局客运处请求外局提供救援物质(食品、饮品)。

(4)列车补充饮水及食品时,列车长要提前与车站或有关人员联系,确认补充食品的车门位置,指派专人提前在车门口等候交接。向故障或晚点动车补充救援食品时单组不得超过3个上货车门,重联不得超过6个上货车门,乘警要到场配合维持秩序,防止发生哄抢事件。具体位置为:单组1、2车门处,4、5车门处和7、8车门处;重联为1、2车门处,4、5车门处和7、8车门处、9、10车门处,12、13车门处,15、16车门处。

(5)在接到救援食品及饮用水后,列车长要统一指挥、有序向旅客免费发放,发放同时要向旅客致歉。在救援食品充足的情况下列车长组织列车工作人员逐车进行发放,在食品分发过程中可组织旅客代表进行参与,保证在应急情况的良好秩序。在救援食品短缺和数量不足时,列车长要根据掌握情况,优先对老弱病残孕等重点旅客进行发放,发放前可先通过广播向全列旅客告知,征得广大旅客的充分理解和认可,并应及时向路局客调或路局客运处有关人员反馈。

(6)在动车组列车故障晚点超过1小时及以上时,车队应派专人到站台接车,配合车站处理旅客诉求。

17.简述动车组因故障组织旅客换乘的应急处置。

答:(1)在确认动车组列车在始发站故障无法修复,需要更换车体换乘时,值乘班组在接到局客调通知后做好换乘的各项准备。重点统计车内人数及重点旅客,提前做好广播宣传,提醒旅客整理好随身携带的物品。遇有特殊情况时,列车长要及时向客调进行汇报,提出需帮助的请求。启动热备车体到区间进行救援时,车队应派专人随热备车体前往救援。

(2)使用热备动车组组织旅客换乘时,列车长应加强组织,在保证安全的前提下做好旅客换乘工作,按规定做好换乘旅客的饮食供应和列车服务工作。

(3)使用非动车组热备车底替换动车组开行旅客列车时,列车长在接到调度命令时,须明确换乘列车车次、车底所属局、编组顺位、车种、型号、定员、停车站到开时刻。同时,列车长应按照调度命令的内容,对车上的工作人员进行替换工作的人员分工和工作部署,做好替换准备。

(4)换乘时,班组人员在组织旅客乘降时要认真查验所在车门上车旅客车票,严禁持其他车次车票的旅客上车,对持有停运动车组列车车票的旅客,要及时进行宣传,必须在车站换新票后方可上车。

(5)因更换车体导致旅客发生席位变化时,列车长按照铁路局席位替换方案,组织乘务人员做好席位替换旅客的席位引导工作。

(6)列车长应准确掌握替换席位,对未实现席位替换的旅客列车长按有关规定编制客运记录交到站处理。

18.简述旅客列车发生火灾时的应急处置。

答:依据《客运部门站车安全非正常情况下应急处理办法》(客管〔2008〕29号):

（1）立即停车。列车运行中发生火灾，严重威胁行车和旅客人身安全时，列车乘务人员应立即使用紧急制动阀，迫使列车停在安全地带。

（2）疏散旅客。列车紧急制动后，乘务人员应迅速组织起火车厢旅客向邻近车厢或安全地带疏散，并及时向两侧邻近车厢传报，通知列车长、乘警、车辆乘务长到场。

（3）迅速扑救。列车长、乘警接到火灾报告后，应立即赶到现场，组织指挥扑救，其他车厢列车员应封锁车厢，严防旅客下车、跳车和趁火打劫等意外事件发生。

（4）切断火源。车辆、机车乘务员和运转车长应迅速将起火车厢与列车分离，切断火源，防止蔓延，分割距离应根据实际情况和风向进行分割，最小不得小于8m。

（5）设置防护。列车分割后，运转车长和乘务员应迅速做好尾部和邻线防护，机车乘务员要做好列车前方和邻线防护，机车乘务员应用无线对讲机通知临近列车司机和车站。

（6）报告救援。运转车长、列车长、乘警应及时向上级和行车调度报告事故情况，并拨打119火警，请求地方政府救援。

（7）抢救伤员。在迅速扑救火灾的同时，将受伤旅客抬离火场，并抢救被火围困人员。

（8）保护现场。列车长、乘警指定专人看守起火现场，不准无关人员进入，并做好宣传教育工作，稳定旅客情绪，以免发生混乱。

（9）协助查访。乘务人员应积极协助公安机关调查火灾事故情况，积极提供线索，帮助调查。

（10）认真取证。乘警应及时掌握火灾事故情况，走访第一发现人、起火部位邻近人，调查取证，追查当事人，认定火灾原因。

19. 简述旅客列车严重超员发生弹簧压死时应急处置。

答：依据《客运部门站车安全非正常情况下应急处理办法》（客管〔2008〕29号）：

列车严重超员时，由车辆乘务员确认车辆转向架弹簧状态，发现弹簧压死时不准开车。列车长要与车站密切配合组织疏散旅客，经车辆乘务员检查确认弹簧恢复后，在保证安全的情况下方可开车。

20. 简述旅客列车因线路中断运行的应急处置。

答：依据《客运部门站车安全非正常情况下应急处理办法》（客管〔2008〕29号）：

（1）线路中断，列车不能继续运行时，应迅速采取有效措施，妥善安排被阻旅客和行李、包裹，并应立即向所在地路局客调、车站和所属路局担当段及地方政府报告，车站应向旅客公告，并按有关规定安排已购车票的被阻旅客。

（2）列车长及时召开"三乘"会议，分工负责，保证旅客列车绝对安全。车长、乘警要加强巡视车厢，列车乘务员要坚守岗位，保证车内秩序良好。餐车要保证供应旅客食品，如餐料不足要及时与车站或所在地方政府联系，组织采购，保证旅客的需要。对重点旅客要重点照顾。

（3）如列车停在区间时，列车乘务员要锁闭车门，停止乘降，确保安全。

（4）线路中断停止运行的列车，列车长应在旅客车票背面注明原因、日期、返回站，并加盖名章，作为旅客免费返回办理退票、换车或延长有效期的凭证。

21. 简述旅客列车运行中发生自动制动机故障时的应急处置。

答：依据《客运部门站车安全非正常情况下应急处理办法》（客管〔2008〕29号）：

列车乘务员，当听到机车三短声鸣笛要求停车后就地制动时，要在运转车长的组织下，迅速拧紧车厢手制动机（拧紧手制动机数量听从运转车长指挥），以保证就地制动。各节车厢列车乘务员坚守岗位，看守车门，不准旅客上下车，确保安全。

22. 简述旅客列车在中间站变更到发线停车和无站台停车时列车的处理方法。

答：依据《客运部门站车安全非正常情况下应急处理办法》（客管〔2008〕29号）：

（1）在中间站变更到发线停车时，列车长要组织乘务员认真进行车门瞭望，确认站台方向。

（2）要锁好背门，严禁旅客从背门下车。

（3）乘务员打开车门后要先行下车，在车门立岗，组织旅客乘降，做好扶老携幼，保证旅客安全。

（4）遇没有站台停车时，乘务员要先确认邻线没有列车通过、没有危及人身安全障碍后，方可组织旅客下车。

23. 简述旅客列车上发现"三品"的处理办法。

答：依据《客运部门站车安全非正常情况下应急处理办法》（客管〔2008〕29号）：

在列车上查出的危险品，应予没收，查出的危险品由值乘的乘警保管，对发令纸、鞭炮类的危险品，应立即浸水，在列车最近前方停站时，交车站处理。车站设公安派出所的，由乘警按站车交接程序向派出所移交；车站不设公安派出所的，则由列车长编制客运记录，移交车站处理。对查出携带危险品的旅客由公安部门依照规定给予治安处罚。

24. 简述旅客列车发生行车重大、大事故后有旅客伤亡时的处理办法。

答：依据《客运部门站车安全非正常情况下应急处理办法》（客管〔2008〕29号）：

（1）组织抢救。在车站发生事故时，列车长要组织乘务人员迅速将受伤旅客连同客运记录移交车站，送当地协议医院（无协议医院时送地方医院）积极抢救，列车长同时按规定填写旅客伤亡事故记录四份，一份交接收站，另三份返乘回段后交主管段。

在区间发生事故时，列车长要组织采取拦截汽车或其他交通工具，迅速将受伤人员连同客运记录送往就近医院进行抢救。

（2）保护现场。列车长要组织列车工作人员配合公安部门保护好现场，维护秩序，以免发生混乱现象，对伤亡旅客的车票、财物等，列车长要派人会同公安人员做成记录，交处理站妥善保管。

（3）认真取证。列车工作人员要协助公安人员索取见证人、当事人、同行人的书面证据材料及绘制现场略图可拍照。

（4）派人看守。站车在有关人员没有到达事故现场以前，应组织有关人员看守，在区间看守确有困难时，准予雇人看守。

25. 简述列车运行途中因车辆故障甩车时的处理办法。

答：依据《客运部门站车安全非正常情况下应急处理办法》（客管〔2008〕29号）：

（1）列车运行途中因车辆故障甩车时，列车长要立即向有关站段和所属路局及担当段报告。

（2）向本车厢旅客做好解释工作，并组织有秩序的疏散。同时，做好重点旅客和外籍旅客的安排工作。

（3）因甩车造成旅客变更座别、铺别时，所发生的票价差额，应补收的不补收，应退款时，由列车长编制客运记录，到站退还变更区间票价差额，已乘区间不足起码里程时，退还全程票差额，变更区间不足起码里程时，按起码里程计算。均不收退票费。

26. 简述站车遇有突发性治安事件的处理办法。

答：依据《客运部门站车安全非正常情况下应急处理办法》（客管〔2008〕29号）：

(1)在车站候车室、售票室、站台或在列车上发生突发性治安事件时,现场人员应立即报告公安部门(车站向派出所、列车向乘警),同时报告上一级领导。

(2)站车、客运主任和列车长接到报告后要立即出现现场,组织维持秩序,并保护现场,协助公安部门调查取证。

(3)要千方百计组织抢救受伤害人员,编制记录,送当地医院治疗。

27. 简述站车遇有突发性危重病人的处理办法。

答:依据《客运部门站车安全非正常情况下应急处理办法》(客管〔2008〕29号):

(1)持有车票的旅客在车站候车期间发生急病时,车站应立即送至协议医院急救。该地没有协议医院或协议医院较远时,可送其他地方医院。

(2)旅客在列车上发生急病时,列车长要立即组织救治。如病人不能继续乘车,列车应填写客运记录,送交市、县所在地车站或较大车站,由车站负责转送医院。旅客在列车上死亡时,列车长应填写客运记录,会同乘警,将尸体和死者遗物交给市、县所在地车站或较大车站处理。

28. 简述发生旅客食物中毒时的应急处理办法。

答:依据《客运部门站车安全非正常情况下应急处理办法》(客管〔2008〕29号):

(1)及时报告。站车应向有关部门及时报告,主送所属铁路疾控中心或前方铁路疾控中心,局客运、劳卫处;报告内容包括旅客发病的时间、地点、患者人数、餐饮食物名称,要求派员处理。

(2)安置病人。站车做好记录,将病人送当地或最近市、县医院及时抢救。

(3)保护现场。稳定旅客情绪,封存可疑食物、呕吐物样品,停止销售可疑食物,追回售出可疑食物,等待卫生监督人员到现场查验。

29. 简述列车轴温报警时的处理办法。

答:依据《客运部门站车安全非正常情况下应急处理办法》(客管〔2008〕29号):

列车乘务员在列车运行中发现车辆轴温报警器报警时,应立即通知车辆乘务员到场处理。

30. 简述列车夜间运行中突然停电的处理办法。

答:依据《客运部门站车安全非正常情况下应急处理办法》(客管〔2008〕29号):

(1)列车夜间运行中发生车厢照明突然停电时,列车乘务员要立即通知车辆乘务员到场处理。

(2)列车长、乘警应及时出现现场,稳定车内秩序,加强治安管理。

(3)停电车厢列车乘务员要坚守岗位,封闭两端车门,防止发生意外。

(4)严禁使用明火照明。

31. 简述站车遇有突发精神病旅客的处理办法。

答:(1)站车发现精神病旅客时(含有人护送),必须严格执行《铁路旅客运输规程》有关规定。

(2)在车站候车室、售票室、站台或列车上发生旅客突发精神病(癔症)或精神病发作迹象时,站车工作人员必须按重点旅客认真对待。对已突发精神病的旅客,现场工作人员需做到:

①发现旅客语言、行为不正常迹象时要坚守岗位,耐心做好安抚工作并迅速委托他人通知站长、客运主任、列车长、站警、乘警到场。

②遇有旅客精神病狂躁发作,危及自身及他人安全时,应妥善发动周边旅客协助,采取强制制服措施,并委托他人通知站长、客运主任、列车长、站警、乘警到场。

③站长、客运主任、列车长、站警、乘警到场后,应首先果断采取可靠的束缚措施,乘警还应

迅速搜身以防用器械伤人或贵重物品散失,并在保证安全基础上带到脱离人员密集的合适处所,指定不少于2个看护人。

④利用广播求助医务工作者到场协助。

32.简述动车组列车空调故障的应急处置。

答:(1)发生空调故障或长时间晚点时,列车长及列车员应加强车内巡视,在巡视时应重点掌握老弱病残孕旅客,如发现因缺氧导致突发疾病的旅客时应及时通过广播寻找医务人员进行救治,并将其安排到通风相对好的位置妥善处理好。

(2)由中铁行包公司负责在"5100"矿泉水配送站向故障列车提供矿泉水用于应急使用。交接时,列车长应在交接单上注明"救援用水"字样,具体数量列入"赠水"计划。

(3)空调故障及列车晚点时间过长时,列车餐车不得加价出售食品借机谋取暴利,在情况紧急时,列车长有权决定将食品、饮品免费发放给旅客,所产生的费用列成本支出。

(4)空调失效超过20分钟不能恢复时,列车长可视情况通知司机向列车调度员提出在前方最近客运营业站停车请求。在车站停留时,应打开车门通风。必要时,站车共同组织将旅客疏散到车站安全处所,等待故障修复、救援或组织旅客换乘其他旅客列车。

(5)动车组列车因故停车不能维持运行、空调失效超过20分钟不能恢复时,列车长应及时与司机、随车机械师沟通,视情况做出打开车门决定,并通知动车组司机转报列车调度员。

(6)列车长组织列车员、乘警、随车机械师、餐饮、保洁等乘务人员确定应急方案,在车厢内运行方向左侧(非会车侧)车门处安装防护网。打开车门的具体位置、数量由列车长根据动车组乘务人员的配置情况确定。防护网安装完毕,随车机械师确认安装状态后报告列车长,列车长通知司机申请停车。列车长组织乘警、列车员、餐车工作人员及随车保洁员值守,严禁旅客自行下车。列车乘务人员(含餐饮保洁)应当将车门处的旅客动员到车内,严格值守车门(开启车门及数量和防护分工见附件)。

(7)列车停稳后,随车机械师手动打开车门,对塞拉门门携架用尼龙扎带捆绑,并确认状态后通知列车长,列车长在确认防护后报告动车组司机,司机在接到限速命令后,方可按规定起动列车(由列车乘务人员防护的情况下允许限速60km/h运行,通过高站台时限速40km/h)。

(8)需要组织旅客下车或换乘其他列车时,应在车站站台进行,列车与车站一起组织旅客乘降。必须在站内正线或区间组织旅客下车或换乘时,需经铁路局主管运输副局长(总调度长)批准,同时要做好安全防护,以防发生意外。

33.简述动车组列车发生火灾爆炸的应急处理。

答:动车组运行中发生火情、火险时,起火车厢乘务员应立即用对讲机通知列车长,并利用现有条件,直至将火彻底扑灭。列车长应一边赶往现场一边用对讲机通知司机、机械师××车厢发现火情,并通知全体乘务人员立即输送灭火器进行扑救。列车发生火灾爆炸事故时,应按以下规定进行处置:

(1)立即停车。运行中发生火灾时,乘务员应选择有利于疏散旅客的地点,立即按下报警按钮、紧急停车按钮或拉下紧急制动阀。紧急停车时,应该尽量避开重要建筑物、油库和居民集中居住区,不得停在桥梁、隧道上。列车停车后,司机负责切断辅助电源系统,断开主断路器,降下受电弓。列车长立即通过司机向列车调度员报告。两列重联运行时,在司机断开主断路器,降下受电弓前,随车机械师负责摘重联端车钩,指挥司机前进或后退,将两列重联车组分离不少于50m的距离。

(2)疏散旅客:

①动车组停车后,列车长立即组织旅客向相邻车厢等安全位置疏散旅客。需要向车下疏散时,双线或多线区间原则上打开不在邻线一侧车门。列车车门无法集控开门时,列车长在司机同意下通知乘务员在其所在车厢车门处采取手动开门,并先行下车,做好安全防护工作。

②需要在紧急出口疏散旅客时,乘务员应立即组织旅客使用紧急破窗锤将车厢内四角各紧急出口玻璃窗击碎后在紧急出口疏散(不得击碎起火车厢紧急出口玻璃疏散)。

③疏散旅客时,乘务人员要在乘警的配合下,注意保护好火灾现场,稳定旅客情绪,维护车内秩序,防止混乱中旅客跳车等意外情况发生。对已经疏散的旅客,乘务员严禁旅客返回起火车厢。夜间疏散时,乘务人员要使用爆闪、手电筒和扩音喇叭等应急备品。

④在动车组发生应急事故救援前,必须保证旅客和列车乘务人员(需参加救援人员除外)疏散到安全区域。

⑤列车因火灾、爆炸停在桥梁、隧道内时,司机立即向调度员汇报列车火灾情况和列车停车的具体地点。列车长立即通知乘务员和保洁人员取应急备品,指定乘务员和餐饮保洁人员按车门分工手动开启运行方向左侧车门先行下车,在车门处做好安全防护,将旅客疏散到车下(在隧道内疏散要采取低姿方式,防止有毒烟气中毒)。如列车运行至龙嘉隧道内发生突发事件时,疏散方向为隧道出口、龙嘉车站就近方向。旅客疏散到车下后,乘警负责巡视车厢确认车内有无遗留人员,用对讲机告知列车长和司机车内人员已全部撤离。列车长高举爆闪灯(隧道内时)同时用扩音器(喇叭)在前部引导旅客向列车线路中断前方反方向隧道口(桥梁的紧急出口)转移。乘务员、保洁、餐饮人员分散在队伍的中部做好安全防护和引导,并协助乘警在队伍的后部做好防护,列车长将旅客引导到安全地段,组织乘务人员进行安全防护,与车站赶来的救援人员进行交接。同时向上级有关部门进行汇报。

(3)迅速扑救。列车长应立即组织有关乘务人员按照列车防火小组分工进行扑救,输送灭火器扑救火灾。其他带电设备着火时,在切断电源前可使用水雾型灭火器灭火,不得使用干粉灭火器灭火。

(4)切断火源。旅客疏散完毕后,列车乘务员立即关闭起火车辆两端通道阻火门,并用对讲机通知司机、随车机械师。

(5)设置防护。动车组发生火灾在区间停车需要防护时,统一听从司机指挥。需乘务人员下车防护时,由需防护一侧车厢乘务员下车进行防护。

(6)报告救援。迅速扑救(例如:用车厢内的水,包括旅客带的饮料、矿泉水、茶杯的水等浇灭起火物),列车长尽快向铁路局客运调度员、动调、段值班室报告事故概况,包括车次、时间、地点、火势、人身伤亡、动车组内旅客人数等有关运营资料等简要情况,并根据火灾损失和旅客伤病情况请求药品、饮水、饮食、衣物、车辆等物资救援。

(7)抢救伤员。列车长按照防火小组分工指派抢救组乘务人员组织对受伤旅客进行抢救,并负责掌握伤情、人员数量等情况。对伤情严重的旅客要根据具体情况由红十字救护员或旅客中的医务工作者采取止血、简易固定、包扎等现场初期救护措施,进行紧急施救。在疏散旅客的同时,抢救组乘务员应察看停车地点周围的交通条件,将伤情严重的旅客提前安置在便于救护车停车的地点,拨打120请求救护,将救护车停车地点向120报告,为快速抢救伤员努力创造条件。

(8)保护现场。在扑救火灾同时,列车乘务人员应配合乘警维护现场秩序,防止发生混乱,禁止实施救援以外的人员进入现场,不得擅自移动现场任何物品,对事故现场痕迹、物证、有关证据材料要采取有效措施妥善保护。

(9)协助查访。乘务人员要积极协助公安和有关部门了解情况,提供线索。

(10)认真取证。列车长及列车工作人员要积极协助公安机关了解情况,提供线索,帮助查破,认真取证。协助公安乘警索取当事人或目击证人不少于两份的书面材料和起火车厢乘务员的书面材料。

(11)组织分工。动车组在区间发生火灾时,当上级领导和公安消防机构未到达前,扑救工作和对受伤旅客进行抢救及疏散工作由列车长组织指挥,其他人员应密切配合。动车组在车站发生火灾时,扑救工作和对受伤旅客进行抢救及疏散工作由车站站长组织指挥;车底在库(线)内发生火灾,扑救工作由车辆段领导组织指挥。火灾扑灭后,列车长、乘警长、车辆机械师要对起火部位进行全面检查、确认,在保证安全的情况下,列车方可继续运行。

34. 简述动车组运行途中停电的应急处置办法。

答:(1)停电车厢乘务员立即用对讲机向列车长报告,由列车长通知机械师到场处理。

(2)严禁使用明火照明,迅速取应急手电筒到车厢内为旅客照明。

(3)乘务人员要稳定旅客情绪,维护车内秩序,做好安全宣传和提示工作,加强治安管理。

(4)乘务人员要坚守岗位,按车厢具体分工坚守工作岗位,加强车内巡视,防止发生意外。

(5)如不能及时修复,列车长应通知司机报告列车调度员,听候命令。

(6)夏季停电状态下动车组在中间站(或区间)长时间临时停车时,列车长要立即请示上级部门要求列车安装车门防护网。经请示上级领导同意后,列车长组织乘务员、乘警、随车机械师、餐饮、保洁等乘务人员在车厢内运行方向左侧(非会车侧)车门处安装防护网,打开车门的具体位置、数量由列车长根据动车组乘务人员的配置情况确定。防护网安装完毕,由随车机械师通过手动操作,打开安装防护网的车内进行通风。打开车门后,由列车长组织乘警、列车员、餐车工作人员及随车保洁员在指定车门口处值守,严禁旅客靠近安全防护网。列车乘务人员(含餐饮保洁)应将车门处的旅客动员到车内,严格值守车门,直到车门关闭。

(7)因停电厕所集便器不能正常使用时,可以将便器套袋或利用二位端中垃圾箱内胆套袋供旅客使用,必要时应实行人工淘厕,以保证旅客对卫生间的正常使用。

35. 简述动车组列车发生治安案件、旅客急病、跳(坠)车的应急处置办法。

答:(1)发生治安案件:

①当动车组列车上未设乘警发生治安等案件造成旅客伤害时,列车长应立即向铁路局客运调度员报告,请求公安局指挥中心在相关车站派出警力处理。同时要通知其他列车工作人员到场维护车内秩序,防止事态扩大,保证旅客安全。

②动车组上列车设有乘警发生治安等案件造成旅客伤害时,应立即通知乘警到场处理,列车长要积极配合乘警做好调查取证,同时对受伤的旅客要进行简单的包扎。治安等案件事态严重时,列车长要将该车厢内旅客疏散到其他车厢。

(2)旅客急病:

①旅客在动车组上发生急病时,列车长要立即用广播寻找医务工作者,积极组织救治。

②如病人不能继续乘车时,列车长应编制客运记录于前方停车站下交,同时向铁路局客运调度员报告通知车站做好抢救准备。

③如病人病情严重,需要临时停车,列车长通过司机报告列车调度员,在前方有医院的车站临时停车。同时编制客运记录,并报告客调与列车停车站联系,做好抢救急病旅客的准备。停车时与车站办理交接。如情况紧急,列车长来不及编制客运记录时,口头与车站人员办理交接,客运记录应在三日内将材料补送处理车站。

(3)旅客跳(坠)车：

①动车组发生旅客在区间跳(坠)车时,在不影响动车组安全的情况下,不停车处理,列车长按照应急报告程序向铁路局客运调度、段总派班室报告信息,并通过司机通知就近车站派人寻找。

②事故发生后车队应立即指派专人配合处理站处理相关事宜。

③发生跳(坠)车案件后,列车长要封锁跳车具体位置,寻找见证人、同行人,乘务人员协助乘警调查跳车原因,采集有效证言,排查跳车人携带品。

项目六　旅客运输计划及组织

一、判断题

1. √	2. √	3. √	4. ×	5. ×	6. √	7. √	8. √	9. √	10. √
11. √	12. √	13. √	14. √	15. ×	16. √	17. √	18. √	19. √	20. √
21. √	22. √	23. √	24. √	25. ×	26. √	27. √	28. √	29. √	30. √
31. √	32. √	33. √	34. √	35. √	36. √	37. √	38. √	39. √	40. ×
41. √	42. √	43. √	44. √	45. √	46. √	47. √	48. √	49. ×	50. √
51. √	52. √	53. √	54. √	55. √	56. √	57. √	58. √	59. √	60. √
61. √	62. ×	63. √	64. √	65. √	66. √	67. √	68. √	69. ×	70. √
71. √	72. √	73. √	74. ×	75. √	76. √	77. √	78. √	79. √	

二、选择题

1. B	2. D	3. B	4. C	5. B	6. D	7. A	8. A	9. D	10. C
11. C	12. B	13. C	14. D	15. B	16. B	17. B	18. B	19. A	20. D
21. C	22. A	23. B							

三、问答题

1. 什么是客流？客流构成要素有哪些？

答：客流是指铁路某一方向上，一定时间内旅客的流量和流向。在我国，客流主要由广大人民在政治上、生产上和生活上的旅行需要所形成的。

构成客流的要素：它是由旅客的流量、流向和流程构成的。

2. 客流是如何分类的？

答：(1)按旅客的乘车距离和铁路局管辖范围，客流分为以下两种：

①直通客流：旅客乘车距离跨及两个及其以上铁路局的为直通客流。

②管内客流：旅客乘车距离在一个铁路局范围以内的，为管内客流。

(2)按旅客的出行目的进行分类：开会、出差、探亲、访友、购、售物品、参观、旅游等。

(3)按旅客的身份职业进行分类：工人、农民、干部和学生等。

(4)按旅客旅行的距离进行分类：短途旅客、中途旅客和长途旅客。

3. 简述旅客列车的种类及车次。

答：旅客列车的种类及车次见下表：

答：

列车的种类及车次

类别顺号	列车种类		车次	类别顺号	列车种类		车次
1	高速动车组旅客列车	跨局	G1—G5998	8	普通旅客慢车	跨局	6001—6198
		管内	G6001—G9998			管内	6201—7598
2	城际动车组旅客列车	跨局	C1—C1998	9	通勤列车		7601—8998
		管内	C2001—C9998	10	临时旅客列车	跨局	L1—L6998
3	动车组旅客列车	跨局	D1—D3998			管内	L7001—L9998
		管内	D4001—D9998	11	旅游列车	跨局	Y1—Y498
4	直达特快旅客列车	跨局	Z1—Z9998			管内	Y501—Y998
5	特快旅客列车	跨局	T1—T4998	12	动车组检测车		DJ5501—DJ5598
		管内	T5001—T9998	13	回送出入厂客车底列车		001—00298
6	快速旅客列车	跨局	K1—K6998	14	回送图定客车底		在车次前冠以"0"
		管内	K7001—K9998	15	因故折返旅客列车		原车次冠以"F"
7	普通旅客快车	跨3局及以上	1001—1998	16	行包特快专列		
		跨2局	2001—3998	17	行包快运专列		
		管内	4001—5998				

4. 客流调查形式有哪些？

答：客流调查分为综合调查、节假日调查和日常调查三种。

（1）综合调查。综合调查每两年进行一次，每年还要作一两次补充调查或核实，以求资料的准确、完整。调查的目的是摸清车站吸引区的政治、经济、文化和人民生活情况，了解影响铁路客运量增长变化的各种因素，以及对客运工作的客观要求，作为制定长期规划、年度计划及改进客运设备的主要依据和日常客运组织工作的基础。

（2）节假日调查。节假日调查主要是对"五一"、"十一"、清明、端午、中秋、元旦、春节这七大节日和暑期客流进行调查。前5项主要是管内客流增长较大，一般在节日运输前1个月左右进行。春节、暑期运输的客流调查应在春节、暑期运输前3～4个月内进行。

（3）日常调查。车站客运计划人员应经常注意车站内和吸引地区客流情况，随时了解、掌握旅客流量、流向的变化，找出客流受季节、气候等因素影响的规律，分析客流增减数量、变化原因和延续时间等。

5. 列车旅客密度表的用途有哪些？

答：（1）列车旅客密度表积累各站上、下车人数资料，为编制旅客列车运行图，调整列车停站和票额分配计划提供准确的依据；

（2）列车旅客密度表是列车长及时掌握旅客流量流向变化，合理安排列车统一作业过程，为旅客提供优质服务的基础。

项目七　客运站工作组织

一、判断题

1. ×　2. ×　3. ×　4. √　5. √

二、问答题

1. 客运站的主要任务有哪些？

答：客运站的主要任务是安全、迅速、有秩序地组织旅客上、下车；便利旅客办理一切旅行手续；为旅客提供舒适的候车环境；保证铁路与市内交通联系便捷，使旅客迅速集散。

2. 客运站的主要设备有哪些？

答：客运站由站房、站场及站前广场组成。

(1) 站房。站房是客运站的主体，包括为旅客服务的各种用房，运营管理工作所需的各种技术办公用房及办理行包、邮件用房。

(2) 站场。站场是办理客运技术作业的场所，包括线路(到发线、机车走行线、机待线、车辆停留线等)、站台、雨棚、跨线设备等。

(3) 站前广场。站前广场是客运站与城市联系的"纽带"，包括车行道、停车场和旅客活动地带等。

3. 简述流线组织原则和流线疏解的基本方式。

答：(1) 流线组织原则：

①各种流线避免互相交叉干扰。即尽量将到、发客流分开，将长途与短途客流分开，将客流与行包、邮政流分开，将到达行包与发送行包流线分开。在职工较多的车站还应考虑将职工出入口与旅客出入口分开。

②最大限度地缩短旅客走行距离，避免流线迂回。首先应缩短多数旅客的进站流线，尽量把站房入口与检票入口之间的距离缩短；其次，也要给其他活动程序不同的旅客，创造灵活条件，以便他们都可能按照自己的程序以较短的路线进站。

(2) 流线疏解的基本方式。

①在平面上错开流线，即在同一平面上，站房及各种客运设备的布局使各种流线在同一平面左右错开自成系统，达到疏解的目的。为配合站前广场的车流组织通常将进站客流安排在站房的右侧，出站客流安排在站房的左侧。这种方式适用于中、小型或单层的客运站。

②在空间上错开流线，即进出站流线在空间上错开，进站客流走上层，出站客流走下层，达到疏解目的。这种方式适用于大型双层客运站。

③在平面和空间上同时错开流线，即流线既在平面上错开又在空间上错开。进站客流由站房右侧下层入站，经扶梯上层候车，然后经天桥或高架交通厅(检票厅)检票上车。出站客流经地道由站房左侧下层出站。这种方式不但流线明显分开，而且流线距离也缩短，适合于大

型双层客运站。特大客运站北京、上海等站则采用这种方式达到疏解流线的目的。

4. 售票处、售票窗口的设备和资料有哪些？

答：(1)主要设备。主要设备有贮票柜、售票箱、日期机、保险柜、计算器(算盘)、车次戳、剪刀等。如为电子售票还配有电子计算机及车票打印机等设备，并要有良好的通风和照明以及便于售票作业的专用桌子和转椅。

(2)业务资料。业务资料有《铁路旅客运输规程》、《铁路客运运价规则》、《铁路旅客运输办理细则》、《铁路旅客运输管理规则》、《客运规章汇编》、《客运运价里程表》、《旅客票价表》、《国际客协》、《国际客价》、《军运后付办法》、《全国旅客列车时刻表》、《全国地图》、《列车编组顺序表》、《全国铁路营业站示意图》以及全国快车始发站、停车站名表和本站列车到发时刻等。

5. 简述电子售票、退票的作业程序。

答：(1)"六字"售票法。

问：问清到站、日期、车次、座别、张数、经由，并告诉旅客是否停车。

输：输入旅客购票要求，告诉旅客票种、张数、应收票款。

收：收取票款，确认币面，摊平复点复唱，将票款放于桌面上，键入实收款数，按制票键制票。

取：取出打印好的软纸票，取出找零款，复核票面、张数及找零款。

交：将软纸票和找零款一起递交给旅客，同时报唱到站、张数、找零款数。

清：票款按面值放入抽屉内，按键恢复售票状态。

(2)"五字"退票法。

看：看清票面是否有效。

输：用扫描仪进行认证，输入票号。

核：核对票面记载项目，确认应退票款。

盖：加盖"退"字戳记，收回已退车票。

交：将应退票款和报销凭证一并递交旅客，并唱报，按键恢复退票状态。

6. "三要四心五主动"是指什么？

答："三要"是指对旅客要文明礼貌，纠正违章态度要和蔼，处理问题要实事求是。

"四心"是指接待旅客热心，解答问题耐心，工作认真细心，接受意见虚心。

"五主动"是指主动迎送旅客，主动扶老携幼，主动解决旅客困难，主动介绍旅行常识，主动征求旅客意见。

项目八　旅客列车工作组织

一、判断题

1. √　2. ×　3. √　4. ×　5. √　6. ×　7. √　8. ×　9. ×　10. ×
11. ×

二、问答题

1. 简述旅客列车乘务组的组成及分工。

答：旅客列车乘务组由客运人员、公安乘警和车辆乘务员组成。

客运乘务人员包括列车长、列车值班员、列车行李员、广播员、列车员及餐茶供应人员，负责旅客列车的服务工作。

车辆乘务人员包括检车长、检车员（含空调检车员）、车电员，负责列车车辆设备检修工作。

公安乘务员包括乘警长和乘警，负责维护列车的治安工作。

他们分别由客运段、车辆段、公安处领导，在一趟旅客列车上共同担当乘务工作。

乘务中应在列车长领导下充分发挥"三乘一体"的作用，分工负责，共同搞好乘务工作。

2. 简述动车组旅客列车乘务组的组成及分工。

答：动车组列车乘务组由客运乘务人员、随车机械师、司机、公安乘警、随车保洁和餐饮服务人员组成，简称"六乘人员"。六乘人员必须在列车长的统一领导下（除行车救援指挥外），分工负责，各司其职，共同做好旅客服务工作。

客运乘务人员包括列车长、列车员，负责旅客列车的服务工作。

动车组司机负责有关型号的车门集控开关和动车组列车运行工作。

随车机械师负责有关型号的车门集控开关和动车组设备检修工作。

公安乘务员负责维护列车的治安工作。

餐饮人员包括服务组长和服务员，负责动车组列车餐饮服务和商品销售工作。

保洁人员包括保洁组长和保洁员，负责动车组列车的卫生保洁工作。

客运乘务组由1名列车长和2名列车员组成，动车组重联时，按两个乘务组安排人员。编组16辆的动车组按1名列车长和4名列车员配备，对运行时间较长的动车组可适当增加客运乘务人员，动车组司机实行单司机值乘制，随车机械师按每组1人配备。

3. 乘务组的乘务形式有哪些？

答：（1）包乘制：是指按列车行驶区段和车次由固定的列车乘务组包乘。根据车底使用情况不同可分为包车底制和包车次制。

①包车底制指乘务组不仅固定区段、车次而且固定包乘某一车底（长途列车乘务组分成两班轮流服务）。这种形式有利于车辆设备及备品的保养，可以熟悉该列车的运行情况，掌握

沿途乘车旅客的性质和乘降规律,以便更好地安排自己的工作,从而有利于提高服务质量。缺点是长途旅客列车需挂宿营车,乘务工时一般难以保证。目前大都执行包车底制,不足工时可采用乘务员套跑短途列车或长途车底套跑短途列车(一车底多车次)。这样可节省车底,也可弥补乘务工时的不足。

②包车次制指一个车次(通常叫线路)几个乘务组包干值乘,但不包车底。其优点是便于管理,可保证服务质量。缺点是交接手续复杂,不利于车底保养。

(2)轮乘制:是指在旅客列车密度较大,且列车种类和编组又基本相同的区段,为了紧凑地组织乘务交路和班次,采用乘务组互相套用,不固定乘务组服务于某一列车。其优点是乘务员单班作业,一般在本铁路局内值乘,对线路、客流及交通地理等情况熟悉,联系工作方便,乘务中也不需宿营车,从而节省了运能。缺点是增加了交接手续,不利于车辆保养,对服务质量有所影响。

4.乘务组的主要工作是什么?

答:(1)使车内经常保持整齐清洁,设备良好,温度适宜,照明充足。

(2)对老、幼、病、残、孕、首长、外宾等重点旅客,通过访问做到心中有数,主动迎送,重点照顾。

(3)通告站名,照顾旅客上下车,及时妥善安排旅客坐席、铺位。

(4)维护车内秩序,保证安全正点。

(5)搞好饮食供应。

5.旅客列车安全设备有哪些?

答:(1)紧急停车装置:

①紧急制动阀。

②列车手制动机。

(2)消防设施。

①灭火机。列车上常用的灭火器主要有干粉灭火器、水雾灭火器。

②灭火毯(又称防火麻袋)。

③消防锤(又称紧急破窗锤)。

(3)其他安全装置。

①轴温报警器。

②安全渡板。每个车厢配有一块安全渡板,当列车停在高站台处时,在列车停稳开门后,置于车门与站台之间,用以补充站台与车体之间的空隙,防止旅客上下车时因踩空发生意外。

③列车上的电器设备。旅客列车上除停车、消防设备外,还有很多用电设备。如配电柜、电源开关、电磁炉、电热水器等,这些电器设备都禁止乱动、乱接电源线,禁止超负荷使用,禁止湿手、摸黑开关电器设备,出现故障应立即停用,出现火情应立即断电,禁止用水扑救。

(4)动车组安全设备。

①紧急制动装置。动车组全列共19处紧急制动装置。

②防火隔断门。动车组全列共有7个防火隔断门。3、5、6车位于车厢二位端,2、7车在车厢一、二位端各1个。

③紧急逃生窗。动车组全列共46个紧急逃生窗。

④疏散舷梯。动车组全列有一套疏散舷梯。

⑤乘降梯。动车组内共2架乘降梯(均为拼装式)。

⑥车厢内车门控制装置。动车组全列共计22组车厢内车门控制装置,位于车厢内车门一侧电控挡罩上。

⑦车厢外车门控制装置。动车组全列共计22组车厢外车门控制装置,位于车厢外车门面板右侧,包括手动开门扳手、触摸式开门按钮、手动车门锁,用于在车厢外操作开启车门。

⑧站台补偿器。动车组全列共有22个站台补偿器,位于车门地板边缘。

⑨紧急通风装置。动车组全列每节车厢顶棚均设有针孔状紧急通风系统,车厢内墙板下侧板条缝内侧均设有吸气装置,过道处的吸气装置设在车厢两端过道处,顶棚上有吸气孔。

6.乘务员的仪容仪表要求有哪些?

答:仪容仪表的总体要求是整洁、庄重、简洁、大方。旅客列车乘务员在出乘时必须着规定的制服,佩戴服务标志,以饱满的精神状态、大方的举止为旅客服务。不歪戴帽子,不挽袖子和卷裤脚,不敞胸露怀,不赤足穿鞋,不穿高跟鞋、钉子鞋、拖鞋,不戴首饰,不留长指甲,不染彩色指甲和头发,男乘务员不留胡须,头发不过耳、不过领,女乘务员头发不过肩,可淡妆上岗。